JN016641

「渋沢の人生」と「不朽の名作」を1冊で学ぶ

図解
渋沢栄一と「論語と算盤」

齋藤孝
明治大学文学部教授

フォレスト出版

まえがき なぜ今、「渋沢栄一」なのか？

渋沢栄一が現代を見たら何を思うか

２０２４年、１万円札の肖像が福沢諭吉から渋沢栄一に変わります。明治という時代をつくり、日本の方向性を決めた２人がバトンタッチするのは素晴らしい選択だと感じます。

渋沢栄一は江戸時代の末期に生まれ、明治時代に近代国家を建設するうえで大きな働きをして**「日本の資本主義の父」と呼ばれます。生涯に５００もの会社を設立し、資本主義（商工業）の発達に尽力して、日本の経済の礎を築きました。**

「経済」とは「経世済民《けいせいさいみん》」を略した言葉で、「世の中をよく治めて民衆を苦しみから救う」という意味をもちます。つまり経済は、私たちを幸せにするためにあるのです。その実践を主導したのが栄一でした。

しかし、もし栄一が現状の日本を見たら、「私はこんな未来のために働いたのではない」と言い、次のように続けたはずです。

「私が行ったのは、みんながお金を少しずつ出し合って会社をつくり、そこで得た利益をみんなが受け取れるようにすることだった」

幕末に海外を視察した栄一は、スエズの地で市民たちが小口の投資をして運河をつくっている様子を見て驚嘆しました。国民一人ひとりがお金を出し合えば、そして銀行や会社（合本組織）というシステムがあれば、国家のスケールを超えるような大事業ができることを知ったからです。

しかし、栄一は今の日本に別の驚きを覚えるでしょう。大企業が事業を独占して利益を上げ、富裕層たちがお金を増やす一方で、貧しい家庭が増え続けているという現状に対してです。

栄一は「1970年代を思い出せ」と言うかもしれません。1970年代は一億総中流といわれた時代です。ところがその後、バブル経済とその崩壊、平成という30年を経て、富める者と貧しき者の格差が拡大してしまいました。栄一がこの時代に生きていれば、きっと経済界のリーダーとして政府に独占を禁止する法案を通すこと、税制を改革することを直言し、みんなが利益をシェアできる社会に向けて動いたのではないでしょうか。

経済界と『論語』界の巨人に学ぶ

もちろん、「たら」「れば」を言ったらきりがありません。しかし、少なくとも渋沢栄一がもつ公正な経済感覚は、現代に生きる私たちにとって不可欠なものであることは間違いありません。

そして、この公正の柱として栄一が学び続けたものが『論語』でした。

江戸時代の武士や商人たちは皆『論語』を知っていましたが、栄一も『論語』の教えを重んじた時代に幼少期を過ごし、その後も先生について学び続けました。

そして、算盤《そろばん》（経済）は『論語』によって支えられるものであるという独自の解釈を得て、「『論語』で商売をやってみせる」という思いに至り、有言実行しました。

私は『論語』を現代語訳し、関連書もたくさん出していますが、栄一ほど、経済活動に『論語』を活用した人は知りません。『論語』の祖国、中国にもいません。

資本主義を、その対極にある『論語』に基づき、自分の身を懸けて実践しました。

これは2500年にわたる『論語』の歴史を見渡しても特筆すべきことです。**栄一は経済界の巨人ですが、『論語』界の巨人でもある**のです。

こうして栄一は『論語』の可能性を大きく広げました。まさに彼の代表作である『論語と算盤《そろばん》』というタイトルがすべてを言い表しています。

学び、実践に活かす

私は『渋沢栄一とフランクリン』（致知出版社）という本で、アメリカ建国の父ベンジャミン・フランクリンもまた倫理と資本主義を両輪に国づくりを進めた人としてとらえました。フランクリンと渋沢栄一の2人を押さえておくことが、これからの社会をデザインしていくための基礎になると考えたのです。

今の時代にもう一度渋沢栄一に光が当たって、**新しい1万円札を見るたびに「これから先、みんなが益するような社会にしていきたい」と願えば、日本はまだまだ明るい方向に発展していくことが期待できます。**

本書はその思いを込めて、名著『論語と算盤』とその著者である渋沢栄一について、図やイラストを多用し、より胸にストンと落ちやすいように工夫しました。

まずチャプター1で栄一の人生をしっかりとたどり、チャプター2で本格的に『論語と算盤』の内容について一緒に勉強していただきます。

もちろん、『論語と算盤』の内容を知るだけでもたいへんな学びを得られます。しかし一方で危惧《きぐ》してしまうのは、「説教臭い」「現代から見ると当たり前のことを言っている」と感じる人が出ることです。

そこで、栄一の人生のターニングポイントや歴史的な背景をお伝えすることで、彼がいかに強い信念を持って革新的な偉業をなしてきたか、有言実行してきたかを実感していただけると思い、こうした構成にしました。栄一の人生を知れば、『論語と算盤』に書かれた彼の主張の説得力が格段に上がるはずです。

そしてチャプター3では、栄一が、自ら関わった人たち、あるいは歴史上の偉人たちをどのように評価していたのかをとおして、彼の考え方をもう一度確認します。それと同時に、日本の歴史の大きなうねりを皆さんに意識していただく構成になっています。

栄一は勉強を大事にしました。『論語』を学び、実社会のいろいろな事象にその考えを当てはめながら、学び続けました。

パリ万博（1867〈慶応3〉年）で多くのものを吸収し、西洋の資本主義のシステムを学び、学んだことを実践につなげることとの連続でした。

さまざまなものを観察して自分のものにし、勉強したことを実学として活かす――躍動感のある心の動き、強い精神、知力の働きというものをぜひ渋沢栄一から学び、日々の活動に活かしていただきたい。それがこの本に込めた私の思いです。

齋藤 孝

渋沢栄一と『論語と算盤』　もくじ

まえがき　なぜ今、「渋沢栄一」なのか？……3

CHAPTER 1

『論語と算盤』がもっと面白くなる渋沢栄一の人生

幼少年時代 1　知性の礎を築いた英才教育……18
幼少年時代 2　幼少期の読書力が生み出したもの……24
青年志士時代　農民でありながら武士を志し、倒幕の道へ……28
一橋家仕官時代　クーデター失敗による亡命から一転、一橋家に仕官する……34
幕府仕官時代　幕臣として渡仏、帰国すると明治時代に……40
明治政府の官僚時代 1　新政府からのスカウトを受け、さまざまな改革に従事……48
明治政府の官僚時代 2　大蔵官僚として数々の功績を残し、民間へ……52

実業人時代1　日本資本主義の父へ……56
実業人時代2　恐るべきスピード感で日本の文化・教育事業に尽力……62
晩年　最後まで『論語』に忠実に生きた経済人……66

CHAPTER 2

今だからこそ胸に刻みたい『論語と算盤』の教え

『論語と算盤』の教え1　『論語』を精神の柱とせよ……72
『論語と算盤』の教え2　古典を自分に合わせて読み換えよ……74
『論語と算盤』の教え3　尊い仕事はいたるところにある……78
『論語と算盤』の教え4　競争を避けてはならない……80
『論語と算盤』の教え5　逆境を乗り越えるには……82

『論語と算盤』の教え 6　自分の力に合わせて穴を掘れ……84
『論語と算盤』の教え 7　利益をあげながら精神の向上を進める……88
『論語と算盤』の教え 8　与えられた仕事は全生命をかけてやる……90
『論語と算盤』の教え 9　大きな志と小さな志を調和させる……92
『論語と算盤』の教え 10　常識とは知・情・意のバランスがとれた状態……96
『論語と算盤』の教え 11　「できない人」を「できる人」に導く……100
『論語と算盤』の教え 12　常識のある人が多ければ多いほどいい社会だ……104
『論語と算盤』の教え 13　人の行為の善悪は志と所作の両方で見る……106
『論語と算盤』の教え 14　仁義道徳を見失った会社は成長しない……108
『論語と算盤』の教え 15　仕事を趣味として取り組む……112
『論語と算盤』の教え 16　道徳心をもって時代の変化に対する……114
『論語と算盤』の教え 17　迷信に振り回されるな……118
『論語と算盤』の教え 18　道具に振り回されるな……120
『論語と算盤』の教え 19　意志は鍛えることができる……122
『論語と算盤』の教え 20　貧富の格差を是正しなくてはいけない……126

『論語と算盤』の教え21 よい競争と悪い競争……128
『論語と算盤』の教え22 欧米心酔の夢を捨てよ……130
『論語と算盤』の教え23 金儲けのうまい人を目標にするな……132
『論語と算盤』の教え24 親と子は違って当たり前……134
『論語と算盤』の教え25 専門的な能力を身につける……136
『論語と算盤』の教え26 女性に教育が必要な理由……140
『論語と算盤』の教え27 人生の運は努力して開拓していくもの……142
『論語と算盤』の教え28 成功と失敗を超えていけ……146

CHAPTER

3

渋沢栄一の関連人物から読む『論語と算盤』

関連人物1　西郷隆盛――毫も虚飾のなかった人物……150
関連人物2　福沢諭吉――国家社会を利するという観念をもつ……154
関連人物3　大隈重信――道理を踏んで正しい姿勢で元気を養う……158
関連人物4　井上馨――西郷にも大隈にも直言を恐れない……162
関連人物5　徳川家康――「適材適所力」に優れた大経営者……166
関連人物6　豊臣秀吉――英雄になれたのは「勉強」があったから……172
関連人物7　乃木希典――結果を知るだけでなく原因を理解する……176
関連人物8　岩崎弥太郎――富の独占か、国を富ませるか……180

関連人物9　佐藤一斎　――情愛の深い師弟関係をもつ……184
関連人物10　フランクリン　――みんなが潤う社会をつくるために……188
主要参考資料……193

装丁・本文デザイン　山之口正和（OKIKATA）
カバーイラスト　田渕正敏
図版作成・本文イラスト　富永三紗子
編集協力　大屋紳二（ことぶき社）
ＤＴＰ・図版原案　フォレスト出版編集部

＊本書の引用文は『論語と算盤』（国書刊行会）、『渋沢栄一――雨夜譚／渋沢栄一自叙伝（抄）』（日本図書センター）、『雨夜譚』（Kindle版、土曜文庫）を底本としています。可読性を考慮して適宜、句読点、改行を変更し、ルビを加えています。

CHAPTER 1

『論語と算盤』がもっと面白くなる渋沢栄一の人生

幕末から昭和まで生きた渋沢栄一の
91年間の生涯をたどります。
時代のうねりに翻弄され、
紆余曲折を経ながらも自身の信じた道を
突き進む栄一の生き方は、
社会が激しく変化する現在に生きる
我々にとっても非常に参考になります。
幼少期から実業人として旅立つまでを
綴った自伝『雨《あま》夜《よ》譚《がたり》』を中心に、
さまざまな文献からエピソードを
引用しながら解説していきます。

知性の礎を築いた英才教育

自分が書物を読み始めたのは、たしか六歳のときと覚えています。最初は父に句読を授けられて、大学から中庸を読み、ちょうど論語の二まで習ったが、それから七、八歳のとき、いまは盛岡にいる尾高惇忠に習うことになった。

——『雨夜譚』巻之一

豪農の一人息子として

渋沢栄一は、江戸末期の１８４０（天保11）年、武蔵《むさし》国の血洗島《ちあらいじま》村（現在の埼玉県深谷市血洗島）に生まれました。父・市郎右衛門《いちろうえもん》（元助）と母・エイには5男8女が生まれましたが、10人が夭折《ようせつ》して男子は栄一の1人だけが育ちました。

家は農家ですが、父親の代に藍玉《あいだま》（藍染の原料）の製造販売で財を成しました。農家といってもいわゆる江戸時代の貧農のイメージとは異なり、藍玉ビジネスで成功した豪農の一人息子、それが栄一です。

栄一の生まれた１８４０年にはイギリスと清《しん》との間でアヘン戦争が勃発《ぼっぱつ》しています。まさに欧米列強が東アジアへ進出しようとしていたその時期でした。日本が維新によって江戸から明治に変わる28年前です。

栄一の成長を特徴づけるものは学問でした。

18歳までの年譜

西暦	和暦	年齢	出来事	世の中の動き
1840	天保11	0	2月13日に武蔵国血洗島村(現在の埼玉県深谷市)に生まれる。豪農渋沢市郎右衛門、母エイの3男。	アヘン戦争勃発
1845	弘化 2	5	父より句読(漢文の素読)を学ぶ。	
1847	弘化 4	7	この頃に従兄の尾高惇忠に師事し、漢籍、日本の古典を学び始める。	
1853	嘉永 6	13	初めて1人で藍の買い付けに行く。	黒船来航
1854	安政 1	14	家業の畑作、養蚕、藍問屋業に本格的に取り組む。	
1856	安政 3	16	領主への御用金上納の件で、幕府の体制に対して強い不満を抱く。	
1858	安政 5	18	従妹(尾高惇忠の妹)尾高ちよと結婚。	日米修好通商条約 安政の大獄

大隈重信　山縣有朋　伊藤博文

栄一が生まれる2年前に大隈重信、山縣有朋が、1年後に伊藤博文が誕生。のちに、彼らが幕末、明治政府に影響を持つようになる。

栄一が生まれた年にアヘン戦争が勃発し、13歳の頃に黒船が来航。欧米列強が東アジアに接近してきた時期に多感な少年時代を過ごした。

渋沢家は学問に熱心で、父親は栄一が5歳の頃から読み書きを教え、勉強には四書五経の『大学』『中庸』などの本を使いました。

栄一は覚えがよく、7歳になると10歳年上の従兄・尾高惇忠《おだかあつただ》の家に習いに行かされます。尾高から個人授業を受けることになり、そこで、漢籍、和書による学問を5、6年続けます。

江戸時代の子どもたちは寺子屋で学びましたが、「商人は四角い文字を読む必要はない」という考え方が支配的でした。

四角い文字とは漢字のことです。商人や農民には学問はいらないとされていた風潮のなか、渋沢家の学問への力の入れ方は特異でした。

ちなみに、尾高惇忠はのちに富岡製糸場の初代場長になり、栄一の要請で第一国立銀行の支店支配人も務めることになる一角の人物でした。

英才教育を受ける

尾高惇忠に本格的に指導されると、栄一は11、12歳のときにはかなり難しい本も読めるようになりました。

意味もわからない状態での暗唱はさせないのが、尾高の教え方のスタイルでした。

「読書百遍意おのずから通ず」とは考えません。尾高の教え方は、1冊を何度も読んでやがて意味を理解させるやり方ではなく、**いろいろな本を読むことで、おのずと意味がとれるようにしていく多読の方法**を取り入れていました。

これは、さまざまな思想に触れ、表現・語彙が学べる点でも非常にいい学習法といえます。

そこで読んだのは、漢籍の『史記』『左伝』『十八史略』、そして和書の『日本外史』『日本政記』などでした。

司馬遷《しばせん》の『史記』は非常に面白い本で、私は

栄一少年に英才教育を施した父と尾高との関係

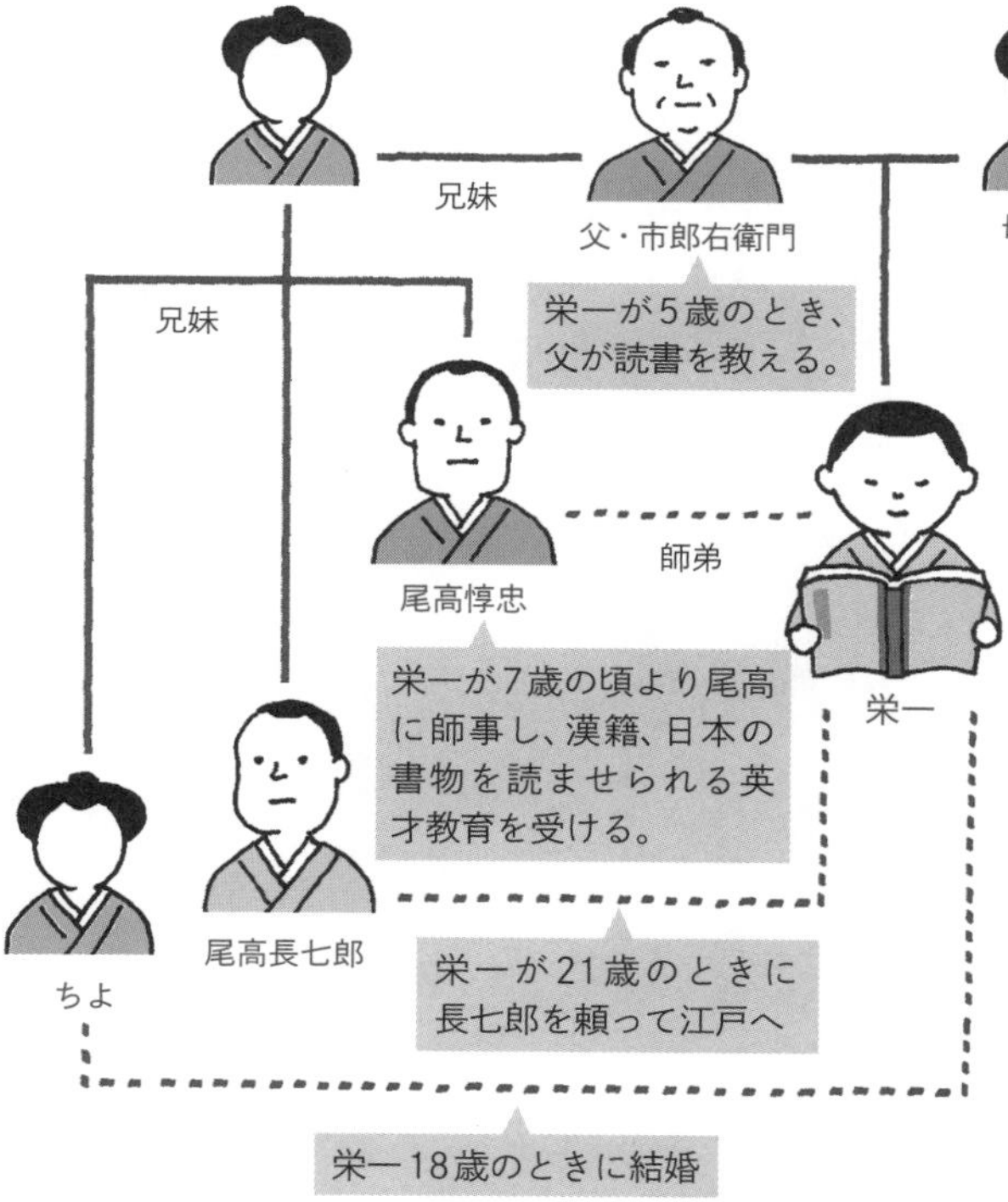
兄妹
父・市郎右衛門
母・エイ
兄妹
栄一が5歳のとき、父が読書を教える。
師弟
尾高惇忠
栄一
栄一が7歳の頃より尾高に師事し、漢籍、日本の書物を読ませられる英才教育を受ける。
尾高長七郎
ちよ
栄一が21歳のときに長七郎を頼って江戸へ
栄一18歳のときに結婚

栄一の師匠
尾高惇忠とは？

のちに富岡製糸場の初代場長になり、栄一の要請で第一国立銀行の支店支配人も務めることに。

高校時代に読みましたが、高校生でも『史記』を読んでいる人はあまりいませんでした。まして小学生が読むとなると、天才教育ではないかというレベルですが、当時、学問をする者にはごくふつうのこととして行われていたのです。

寺子屋では返り点を打って漢文を読みましたから、今の小学校の国語教育と比べると、絶句するほどレベルが高かったのです。明治維新が成功した理由の1つには、江戸時代にこうした恐るべき教育があったからでした。

江戸時代には学問のカリキュラムとして学ぶべき本の順番がありましたが、渋沢家は、尾高惇忠によってより高度な書物を用いた独自のカリキュラムになっていました。栄一は、今の学者が読むようなものを小学生の年代から読んでいたのです。それによって頭脳が鍛えられました。

彼には本を読みながら溝《どぶ》に落ちたというエピソードがあります。12歳のときの年始に、本を読みながら歩いていて溝に落ちて正月の晴れ着をたいそう汚して叱られたといいます。

今、道を歩きながらスマホを覗《のぞ》き込んでいる人は大勢いますが、本を読みながら歩く人は見かけません。二宮金次郎の像も、歩きながら本を読むのは危ないということで撤去されることがあるようですが、12歳のときにそこまで強い向学心がありました。しかも大人が読む本で学ぶので、頭脳の成長が早いのです。

さらに、親戚筋にあたる渋沢宗助に書法（文章の書き方）を学び、渋沢新三郎に神道無念《しんとうむねん》流《りゅう》の剣法も習っています。栄一は、ふつうの農民や商家ではない、武家のような教育を受けたわけです。

読書家・渋沢少年を象徴するエピソード

歩きスマホの影響で目の敵にされている二宮金次郎像。

実は栄一も二宮金次郎と同様に歩き読書をしていたという。

三国志
里見八犬伝

その頃に読んでいたのが『三国志』や『里見八犬伝』などである。

師匠の尾高も漢籍や古典にこだわらず、面白いと思った本を読むことをすすめた。

漢籍や古典が本当に腑に落ちるようになるのは、世の中がわかるような年齢になってから。
今は好きなものを読んで読書の技術を磨いたほうがいい。

しかし、正月の挨拶まわりでのこと、読書に夢中になりすぎて溝に落ちてしまう。

コラー！

晴れ着を汚して母親にこっぴどく怒られたとのこと。

幼少期の読書力が生み出したもの

一字一句を初学のうちに暗記させるよりは、むしろ数多《あまた》の書物を通読させて、自然と働きをつけ、ここはかくいう意味、ここはこういう義理と、自身に考えが生ずるに任せるという風でありましたから、ただ読むことを専門にして、四、五年を経過しましたが、ようやく十一、二歳のころから、いくらか書物が面白くなってきました。

——『雨夜譚』巻之一

強靭な読書力に支えられた知性

のちに渋沢栄一が特別な経営感覚を身につけるとき、**強靭な読書力に支えられた知性が非常に役に立ちます。**読書によって人間の根幹の精神が養われ、やたらと感情に流されたり突き動かされたりすることなく、言葉によって冷静に物事に対処できる知性が鍛えられるのです。

日本が明治維新を経て近代化していくときには、国のシステム全体が大きく変わりました。西洋で発達した社会システムを理解して、日本に合うようにアレンジする必要がありましたが、栄一は、このシステムの理解とアレンジのレベルが非常に高度でした。

幕末にフランスに行ったときには、フランス語を理解して文章を読み、ビジネスに関する法律や仕組みなどを学んだのです。

栄一の「読書力」が生み出したもの

読書力
漢籍を学んだことが、
フランス語の理解を助けた。
フランス語
漢籍
物事を言語化することで
感情に流されない
論理的思考力を育成。
論理的思考
日本の司法をはじめとした
近代日本のシステムの
土台づくり。
感情ではなく、
信念(『論語と算盤』)に基づいた
リーダーシップと経営力、
人材育成力を発揮して
500もの会社を設立。

フランス語を読み、日本語で解釈するわけですから高い学力が必要です。

栄一が幼少期に学んだ漢文は外国語のようなものですから、その読書の訓練がのちに外国の文化、システムを理解するときに大いに役立ったものと思われます。

それは福沢諭吉の場合も同様で、漢文で鍛えたことが、オランダ語を学ぶときに役立ったといいます。物事を緻密に考えて、しっかりした日本語で表現できる力が漢文を学ぶことで養われたのです。

藍の取引を手伝って商才を養う

栄一は学問だけではなく、父親の商売を見て商才を養いました。藍の取引を手伝って商売のやり方を学びます。

14、15歳のあるとき、父親から「読書三昧《ざんまい》では困る。農業・商売にも心を用いなければいけない」と言われます。生家は農家でしたが、父の代に藍玉の取引を始めました。藍玉とは藍染めの原料です。農家から藍葉を仕入れて、藍染めの原料に加工して販売するビジネスによって渋沢家は富農に成長しました。

そこで栄一は、祖父が藍葉の買い付けに出かけるときにおともをし、駆け引きの様子を見て真似《まね》るという学び方をしました。何度も祖父に随行していたので、そのうち1人で買い付けをするようになり、しばらくしてからは農業と藍の商売に力を入れるようになりました。

自分1人で買い入れてみたいという独立心、仕事をどんどん覚えたいという気持ちが成長のスピードを速めたはずです。

こうして養われた経営者感覚が生涯栄一の中心になっていきます。

『論語と算盤』の下地は少年期にあった!?

栄一が14、15歳の頃……

いつまでも
読書三昧では
いかん。
農業や商売も
するように。
はい

当時の渋沢家では麦や藍をつくり養蚕をしていた。藍については他人のつくったものも仕入れて、染料となる藍玉を製造して売っていた。

栄一は何度も父や祖父の商談に随行し、その様子や語り口を真似た。いわゆる「まねぶ」をして商売を覚えた。

これは
乾燥が
足りないね。

これは肥料が
悪いですね。
ぼうず、
よくわかった
なあ…

まだ少年であったにもかかわらず、1人で買い付けに行く度胸と、商売相手が舌を巻くほどの知識を持った。

父親の方針によって商売についても学び、その商才の片鱗を見せていた。

両立
学問・読書
商売・農業

農民でありながら武士を志し、倒幕の道へ

幕府の腐敗を洗濯したうえでなければ、とうてい国力を挽回《ばんかい》することはできない。我々は農民とはいいながら、いやしくも日本の国民である以上は、わが本分の務めでないからといって傍観してはいられない。

――『雨夜譚』巻之一

なんとしても武士になりたい

16歳のとき、渋沢栄一は「武士になる」という志を立てます。しかし、江戸時代の身分制度のもとで農民が武士になることなどできるのでしょうか。

あるとき、「百姓のままでは駄目だ」と強烈に感じる事件がありました。生まれ育った家が農家であることが本当に嫌になる出来事でした。

栄一の生家のある血洗島村の領主は、ときどき富裕な領民に御用金の調達を命じ、父・市郎右衛門は栄一が16歳のときには2000両あまりの金額を調達していました。

そんなあるとき、市郎右衛門は代官所から500両を申し付けられます。ところが、ちょうど市郎右衛門に所用があったので、栄一が名代として代官所に出頭することになりました。

代官はさっそく調達を命じますが、栄一は

「御用の趣を聞いてくるように」と言われただけだったので、「父に伝えてあらためて参上する」と応じました。すると代官は「500両などたいしたことではないだろう。この場で承知したと言え」と声を荒らげます。それでも栄一が筋を曲げないと、代官は激怒します。

最終的には父親がポンと500両を差し出すのですが、栄一は、「理に外れた行いを権力者がしている。こんな世の中でいいのだろうか。能力もない人間が上からものを言って、下のものが唯々《いい》諾々《だくだく》と聞かなくてはいけないというのはバカバカしい」と強く感じます。

栄一少年の心に芽生えていた不合理への耐え難さ

1856(安政3)年、血洗島村領主による御用金申し付け事件

ガキの使いじゃねんだから、500両くらい持ってこんかい!

能力は低いのに、地位にあぐらをかき、嘲弄する代官に栄一は強い憤りを感じる。のちのちまで、家族の前で次のように語っていたという。

横っ面をハリたおしたいほど腹が立ったものだ。

そして、能力主義を自明のものと考えていた栄一は次のような想いを胸中に抱く。

◎農民の身分にいることの不合理。
◎幕府の封建制に対する強い疑念。

この経験をきっかけに、身分制度の矛盾を感じるようになりました。ペリーの黒船が浦賀に来航して以来、幕府がその対応に右往左往し、世相が怪しくなっていた時期のことでした。

栄一は幼少から四書五経に親しみ、その後相応の学問を修め、16、17歳の高校生くらいのときには父親の仕事を手伝って、実地に経営を学んでいるのですから、いわばエリート教育を受けています。そんな栄一には、ただ身分が武士であるからといって、能力もないのに威張りくさっているような人物は許せない。**封建制打破の思いが胸中にわだかまっていきます。**

幕政の腐敗を洗濯しなければ

非合理的なことに反対する態度は、栄一がずっともち続けたものです。自分がバカにされて悔しいという個人のレベルではなく、江戸幕府の身分制度はシステムとして駄目なのだと見抜いたのです。

当時、読書の指南を受けた尾高惇忠の弟・長《ちょう》七郎《しちろう》から、江戸で見聞したことを聞き、自分も江戸に出たいと思うようになります。

そして1861（文久元）年の21歳のとき、彼を頼って江戸に出て、儒学者の海保漁村《かいほぎょそん》の塾に入り、千葉道場で北辰一刀流の剣術を学びます。千葉道場は坂本龍馬《さかもとりょうま》も通った道場としても知られます（栄一と龍馬が通った千葉道場は違う場所にあった）。

栄一は、江戸へ遊学し24歳の冬に京都に旅行するまでの間に、いろいろな塾に入って師から影響を受け、塾生同士で刺激し合うという経験を積みます。そのうち、**才能のある者を自分の味方に引き入れて、大きく国を動かしたいという思いがつのってきます。**

こうしていよいよ、「幕政の腐敗を洗濯したうえでなければ国力を挽回《ばんかい》することはできない」と考えるようになります。「農民であっても日本の国民である以上は本分の務めでないか

農民である栄一が国を動かしたいと思うまで

17 ～ 20歳頃の栄一は
家業に精を出す一方で、将来に悩んでいた。

最初から強い権力があったわけではないのに、彼らは国を動かした。きっと、私にだって…
三河の小大名
家康
農民出身
秀吉
もともとは無名の人物
漢の高祖・劉邦

栄一は歴史上の英雄豪傑を自分の境遇に重ね、とても身近に感じていた。

黒船来航・日米和親条約・尊皇攘夷論の勃興・桜田門外の変…。
目まぐるしく変わる政治情勢の中、
地元の有志たちと日本の行く末について激論を交わす。

↓

1861(文久元)年、百姓でいることへの耐え難さから、
ついに尾高惇忠の弟・長七郎を頼りに江戸へ遊学。

学問や剣術を学んだものの、真の目的は才能のある人物や有志を見つけ、自分の仲間に引き入れることだった。

↓

尊皇攘夷の思想に傾倒。
「幕府の腐敗を洗濯せねば！」
江戸で数々の刺激を受けた結果、倒幕の思いを強くする。

らと傍観してはいられない。幕政の腐敗を洗濯しよう」と、倒幕の思いをますます強めていきます。同じ時期に龍馬が「日本を今一度洗濯いたし申候《もうしそうろう》」と言いましたが、似ています。

当時、龍馬に限らず、「腐敗を洗濯する」という言葉遣いがあったようです。

高崎城乗っ取り、横浜焼き討ち計画

1863(文久3)年、ついに栄一は、塾や道場などで知り合った者たち70人ほどで、**高崎城の乗っ取り、横浜の焼き討ちを計画**します。

横浜を焼き討ちして外国人と見たら片っ端から斬《き》り殺してしまうという無茶な攘夷《じょうい》計画でしたが、それによって幕府を混乱させて倒してしまおうと考えたのです。この計画は実行の寸前までいきます。

150両ほどの資金で槍《やり》や刀を100本ほど揃《そろ》え、攘夷と倒幕に向けていざ行動を起こそうとしましたが、その直前に京都に行っていた尾高長七郎が戻ってきました。長七郎が、攘夷をもくろむ長州勢が一掃されたこと、尊皇攘夷派による天誅組《てんちゅうぐみ》の変が失敗に終わったことなど、京都の情勢を話して「実行しても犬死にするだけだ」と強く計画を止めたため、やむなく断念することになりました。その年に起こった薩英《さつえい》戦争で発揮されたイギリスの圧倒的な軍事力にも、攘夷の無謀を知らされました。

ただ、栄一が抱いていた危機感はもっともなことでした。1858(安政5)年に幕府が結んだ日米修好通商条約(不平等条約)による治外法権および関税自主権の喪失は、明治時代を通して努力して改正しなければならないほどの失策でしたから。

そして焼き討ち計画中止のあと、栄一に大きな転機が訪れます。ようやく武士になることができるのです。しかし武士は幕府の家来です。

倒幕を考え、その準備までしていた人間が、どうしてその家来になったのでしょう。

高崎城乗っ取り、横浜焼き討ち計画

1863(文久3)年、倒幕のために栄一たちが目論んだクーデター

師・尾高惇忠を筆頭に有志70名程度で計画。まずは高崎城を乗っ取り、武器を仕入れて武力を蓄える。

次に横浜を火の海にし、外国人を片っ端から惨殺する。

多くの志士の蜂起を促し、幕府を打倒。

ところが決起直前、長七郎の36時間にわたる説得により計画は中止。

同志の中でも最も急進派と思われていた尾高長七郎が、クーデターに対してまさかの反対。

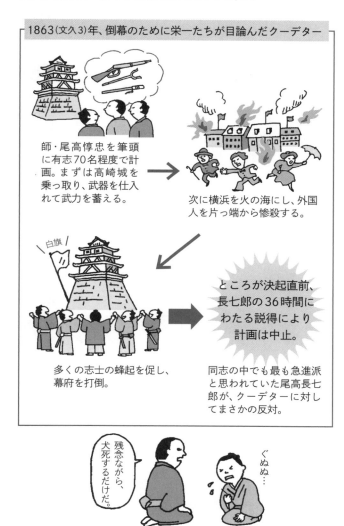

クーデター失敗による亡命から一転、一橋家に仕官する

たとい今日卑屈といわれても糊口《ここう》のために節をまげたといわれても、それから先は自身の行為をもって赤心を表白するという意念を堅めておいて、まずこの焦眉《しょうび》の場合だ、試みに一橋家へ奉公と出掛てみようじゃないか。

――『雨夜譚』巻之二

平岡円四郎を頼りに京都へ亡命

焼き討ち計画が頓挫したあと、渋沢栄一は従兄にあたる同姓の喜作とともに、幕府に追われることを恐れ、京都への亡命を考えます。

そのときに頼りにしたのが、一橋慶喜《ひとつばしよしのぶ》のお供で京都に行っていた平岡円四郎《ひらおかえんしろう》という人でした。平岡との出会いは、栄一の人生を振り返るときにとても大きな意味をもつものでした。

平岡は一橋徳川家の家臣（家老並）で、栄一と喜作が江戸で学んでいたときに出会いました。

平岡は開明派で、農民の身分であった2人に対して「見込みのある若者だ」として胸襟を開いて迎え入れ、議論するような、広い視野をもつ興味深い人物です。栄一らは昵懇《じっこん》といえる関係を築いていました。

そのころ、栄一と喜作は武士になって一橋家に仕えることをすすめられていました。

クーデター失敗後から明治に至るまでの年譜

西暦	和暦	年齢	出来事	世の中の動き
1864	元治元	24	平岡円四郎を頼りに2月に一橋家に仕官。	池田屋事件 蛤御門の変 五稜郭完成
			6月に平岡円四郎が暗殺される。	
1865	慶応元	25	歩兵取立御用掛として一橋領を巡回、400人以上を募集する。	
1866	慶応2	26	8月に慶喜の名代として長州に出征。	
			徳川慶喜が15代将軍に。栄一は幕臣となる。	
			フランス行きを命じられる。	
1867	慶応3	27	徳川昭武に随行してフランスにてパリ万博に参加。昭武がナポレオン3世に謁見。	ええじゃないか発生 大政奉還
1868	明治元	28	大政奉還の報により年末に帰国。	鳥羽・伏見の戦い
1869	明治2	29	静岡藩に仕官する。商法会所を設立。	五稜郭の戦い 戊辰戦争終結

さまざまな思想が入り乱れる
幕末の乱世に、栄一の人生も
大きく翻弄された。

尊皇攘夷
吉田松陰など

公武合体
安藤信正など

開国派
勝海舟、坂本龍馬など

佐幕派
新選組など

倒幕派
西郷隆盛、大久保利通など

しかし2人は、高崎城乗っ取りのクーデターを計画していたために、うやむやな返答をしていたのです。

そして、今回京都に亡命するにあたり、素浪人のままでは挙兵計画の嫌疑で幕府に捕縛されることが考えられたため、「自分たちは平岡の家来である」と半ば詐称し、平岡のいる京都へ向かったのです。

ただし、このときの京都行きの目的は、あくまでも天下の志ある者と出会って倒幕の機をうかがうことで、**一橋家に仕官するつもりは毛頭ありません**でした。

倒幕の志士から一橋家の家来に

京都へ着き、平岡のところをしきりに訪ねていたころ、事態が急変します。クーデター計画の同志であった尾高長七郎が捕縛されたという一報が入ったのです。そして、それをきっかけに、栄一と喜作の魂胆が平岡の耳にも入ってしまいました。

平岡は2人を呼び出し詰問しましたが、志、信条を変えることを条件に、一橋家に仕官することをすすめました。よほど2人に惚《ほ》れ込んでいたようです。

栄一と喜作にとって、幕府と深い関わりのある一橋家の家来になることは不本意であり、大きな葛藤がありました。

しかし、二晩ほど悩んだ末に、「志士としての意見を出させてもらうこと」と「慶喜公への拝謁《はいえつ》」を条件に平岡の厚意を受け入れました。皮肉にも、栄一はこうして念願の武士になったのです。

栄一は一橋家に入ったのち順調に出世していきます。

渋沢、農民から浪士をへてついに武士に

クーデターを中止したものの、
幕府に目をつけられる可能性があったため…

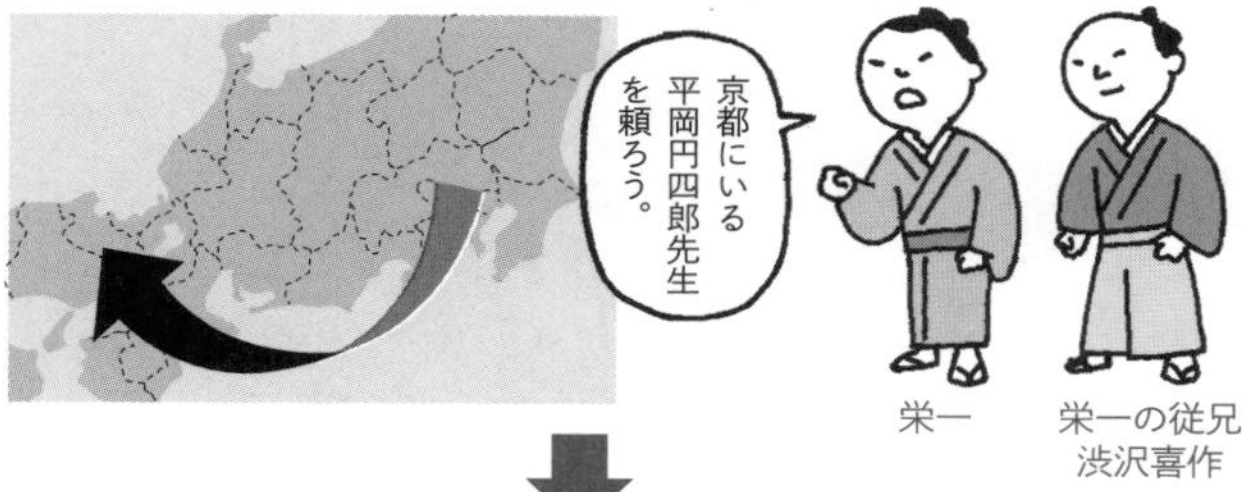
京都にいる平岡円四郎先生を頼ろう。
栄一
栄一の従兄
渋沢喜作

と、いうのも…

江戸に遊学していたときにたまたま知り合った平岡が、
こんなことを言っていたから。

国家のために働きたいと思う気概はわかるが、身分が農民ではな。
そうだ、一橋家であれば仕官が…。

平岡円四郎
一橋家の実力者(家老並)。栄一をして「一を聞いて十を知る」と言わしめるほど優秀な人物。また、見所があると見るや、農民であった栄一のような身分の者とも交流をする度量があった。

当然、一橋家の家来になることには葛藤があったが、
喜作と相談のうえ、1864(元治元)年、
平岡の推挙によって一橋家の家来(武士)になることに。

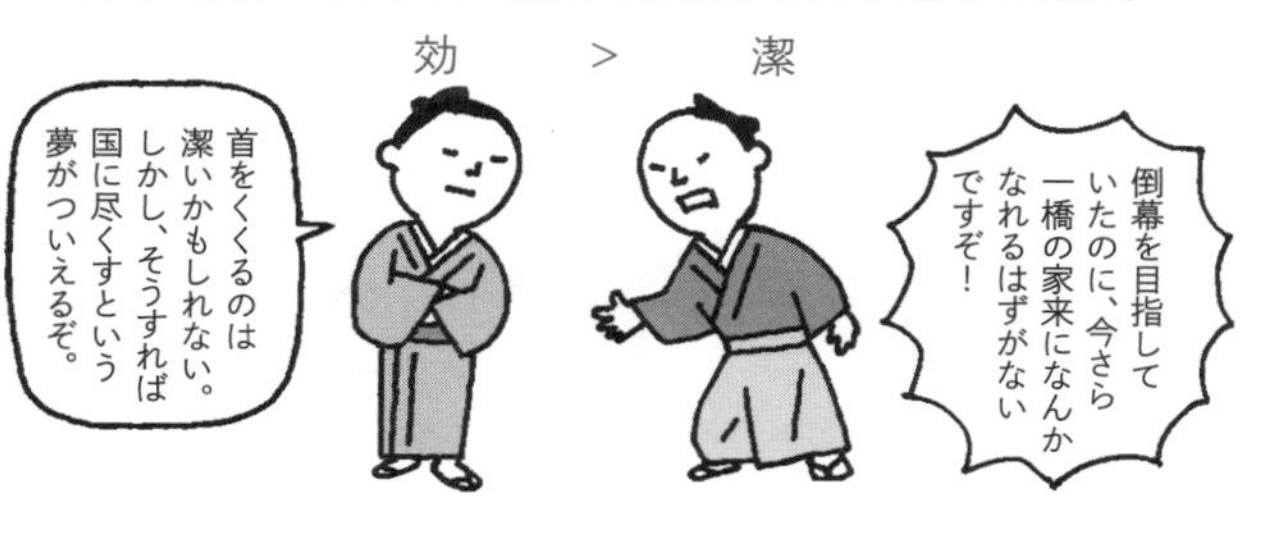
効　>　潔
倒幕を目指していたのに、今さら一橋の家来になんかなれるはずがないですぞ!
首をくくるのは潔いかもしれない。しかし、そうすれば国に尽くすという夢がついえるぞ。

不思議なことですが、気がついてみると、さっきまで斬り捨て御免とされていた農民が武士になれるのです。そしていつの間にか侍として出世していく。当時のシステムは思いのほか柔軟で、家柄だけではなくて誰かが取り立ててくれることで出世できたようです。

坂本龍馬もそうでしたが、御家人株を買って武士になるという道もありました。龍馬は侍としては低い身分でしたが、幕臣の勝海舟《かつかいしゅう》に会ったり長州藩の中枢にいた桂小五郎《かつらこごろう》に会ったりしているわけですから、身分制（士農工商）の建前はありながら、人物が有能な場合は引き立てられることもあったのです。

なんとしても武士になりたいと思っていた栄一は、偶然の出会いを通して目的を果たし、しかも一橋家で出世して徳川慶喜の側近にまでなっていきます。

一橋家で勘定組頭を務める

一橋家で出世した栄一は勘定組頭になります。今日の財務省の事務方トップにあたる立場で、藩のレベルではありましたが、経済システムの取り扱い責任者のような役割を担いました。

藩札で藩の財政を改革することも構想しました。藩札を流通させれば、一橋の札は立派に通用するだろうと、日銀的な発想でお札を刷って世の中に流通させることを考えたのです。

実際に藩札引き換えの会所というものを設立し、荷為替の貸金の手続きをしたり、手数料を取ったり、お金を貸し付けて利息を取るなど、実質的に造幣局的なものと日銀的なものと銀行のようなものを実践しました。

こうして慶喜は栄一の能力を認め、2人は懇意な間柄にまでなりました。血洗島の一農民が、いつの間にか一橋家の殿様と話をするような立場にまでなったのです。

ところが事態が急変します。14代将軍家茂《いえもち》が病死したことで、1866（慶応2）年12月、今度はなんと**一橋家の慶喜が徳川15代将軍になる**のです。

まさかの展開です。

倒幕の志士から一橋家の家臣に

1864年（元治元）年、慶喜への拝謁が実現

フンフン
一橋慶喜
栄一

思いのままに話す農民出身の栄一に対し、「一橋公は只フンフンと聞いて居らるる丈けで一言の御意もなかった」（『雨夜譚』）という。

一橋家における渋沢の主な施策

- 領内物産の流通改革
- 備中にて硝子製造所を設立
- 画期的な藩札の運用法の開発

いつの間にか将軍と話をするような立場にまでなった。

幕府仕官時代

幕臣として渡仏、帰国すると明治時代に

さていよいよ外国へゆくと決した以上は、これまで攘夷論を主張して外国はすべて夷狄禽獣《いてききんじゅう》であると軽蔑していたが、このときには早く外国の言語を覚え、外国の書物が読めるようにならなくちゃいけないと思った。

――『雨夜譚』巻之三

幕末、パリ万博へ

慶喜が将軍になったことで、渋沢栄一は大きな葛藤を抱え、一時は農民に戻ることさえ考えるほどでしたが、僥倖《ぎょうこう》が訪れます。

慶喜が将軍になった翌年1867(慶応3)年4月に開催されるパリ万国博覧会に参加することになるのです。これは栄一にとってたいへん大きな経験になりました。

パリ万博開催にあたって、日本はフランスから、出品と将軍親族の派遣を求められ、徳川慶喜は弟の昭武《あきたけ》(当時14歳)を選びます。昭武にはパリ万博使節団として二十数名が随行しましたが、その1人として経済に詳しい栄一も選ばれたのです。庶務・会計の役割でした。

栄一は、わずか4、5年のうちに勤王倒幕派から一橋家の用人に、それから幕臣になって、フランスへ行くことになります。この展開はすさまじすぎますが、彼は柔軟に対応しました。

まさかのパリへの留学

1866(慶応2)年、慶喜の名代として第二次長州征討へ従軍

↓

ところが同年7月、将軍家茂の死により休戦。

↓

同年12月、慶喜が第15代将軍に。
つまり、もともと倒幕を目指していた栄一が幕臣になった。

↓

さまざまな葛藤を抱え、身の処し方に苦悩した栄一だったが、
思いがけず僥倖が訪れる。

↓

幕府は将軍慶喜の弟・徳川昭武をパリ万博へ派遣。
栄一も庶務や会計担当のような役割で随行することに。
のちにこの経験が明治以降の近代日本の礎をつくることになる。

かつては過激な攘夷派であった栄一だが、この頃には「欧米を排斥する時代ではない」と考えがかなり変わった。フランスに行ってさまざまなことを見聞できるのが幸せである、と語っている。

運命に逆らわずに生きたほうが、うまくいくのでしょうか。

攘夷を掲げて斬り合いしても命を落とすだけだったでしょう。**その場その場で柔軟に対応していった結果が、結局大きく実を結ぶ**ことになります。

日和見主義か？　あるいは…

こうした当時の遍歴について栄一は「自分は実に逆境の人となった」と語っています。たしかに、過去の自分が目指したものとは逆の流れですが、時代の流れを考えると順境です。

一橋家に入ってフランスの万国博覧会に行くことになり、その流れに乗っている自分は想像もできなかったでしょうが、その運命に逆らってはいないわけです。

福沢諭吉も『福翁自伝』のなかで、なぜ自分の本がこんなに売れたのかというと、それはひたすら時節柄がよかったのであると語っています。

タイミングが時代と合っていたというのです。つまり、格別に自分がすごいのではなくて時代の流れに乗ったのだという言い方をします。

大きな時代の変化のなかで、皆どこに進めばいいのだろうと迷うわけですが、栄一の場合は、**「来た球を打つ」といった態度があります。**

最近、ＶＵＣＡ時代（先の読めない時代）と言われることが増えていますが、この生き方は、今の私たちにも参考になりそうです。

平岡円四郎と出会って「この人はなかなかいい」と思うと、向こうも気に入ってくれて、一橋家に奉公する。そこで財務省の役人のようなことをやっていると、パリの万国博覧会に行か

パリ万博に参加した栄一たちの旅程

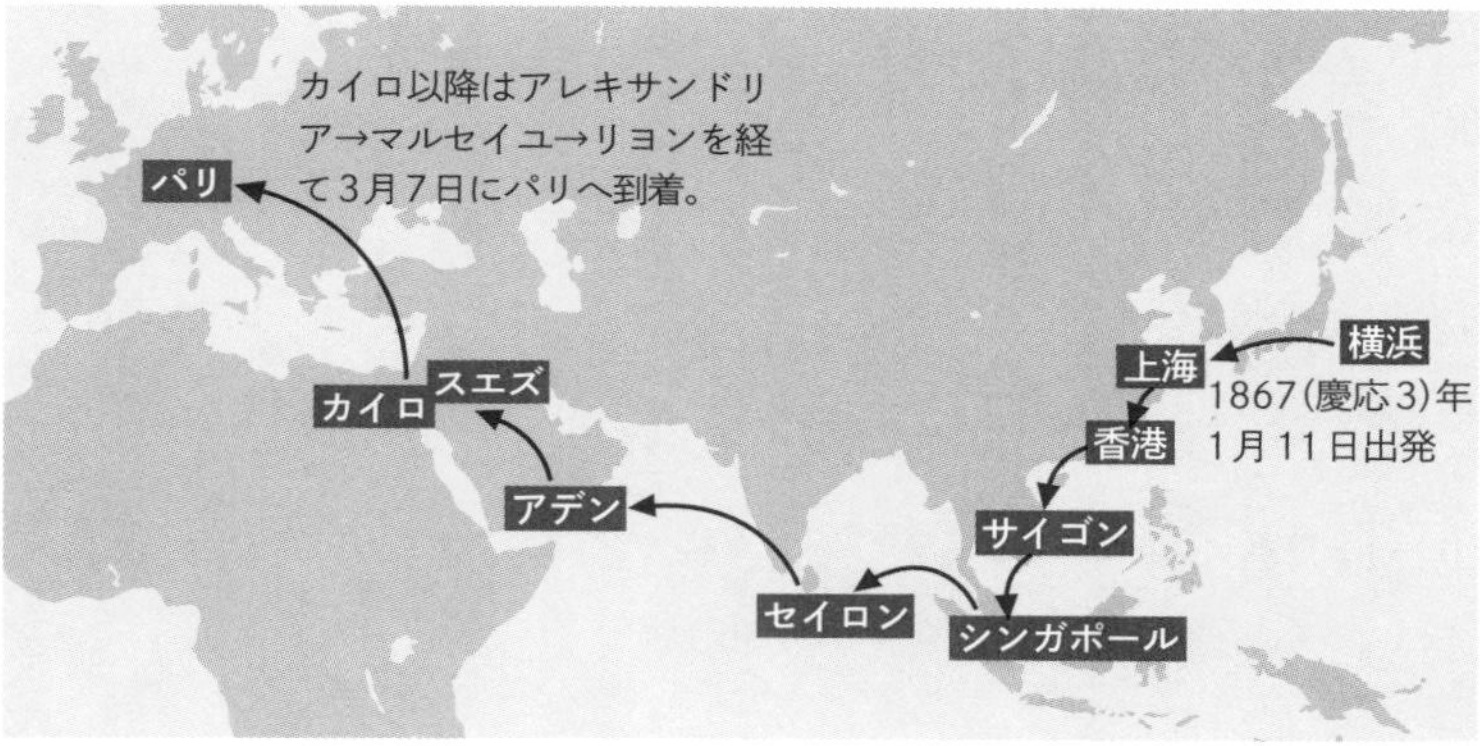
カイロ以降はアレキサンドリア→マルセイユ→リヨンを経て3月7日にパリへ到着。
パリ
スエズ
カイロ
アデン
セイロン
シンガポール
サイゴン
香港
上海
横浜
1867(慶応3)年1月11日出発

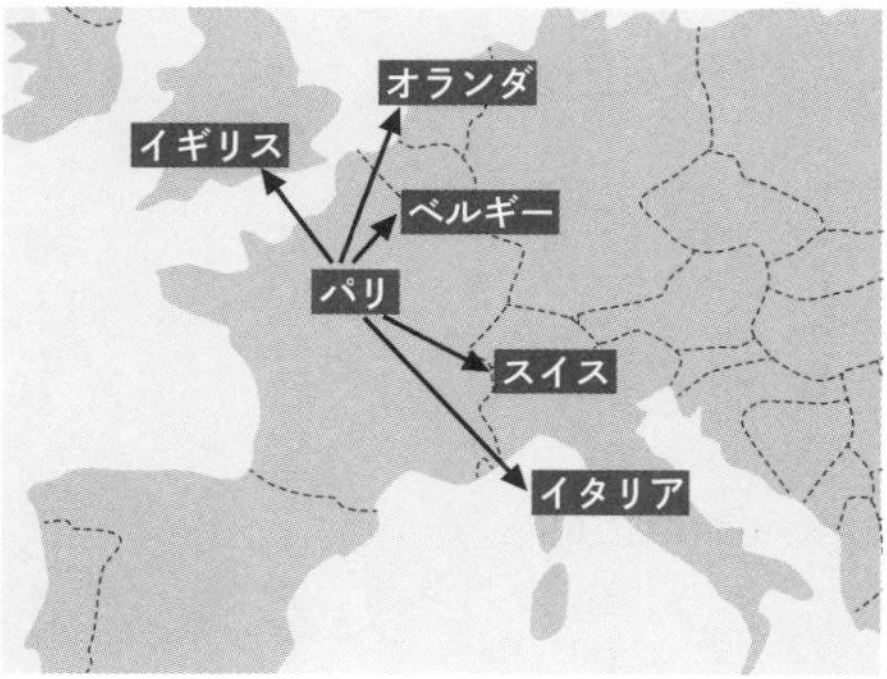
オランダ
イギリス
ベルギー
パリ
スイス
イタリア

日本は将軍の弟でかつ後継者として、当時14歳の徳川昭武を派遣。フランスの皇帝ナポレオン三世は歓待した。

フランスの周辺国にも足を運び、栄一は西洋文明の素晴らしさと脅威を実感。のちに、日本の新政府の制度や産業の発展につながるさまざまな知見を得る。

ないかと誘われて「そうですか」と受け入れる。決断の早さによって僥倖をものにしていきます。

「ちょっと考えさせてください」などと言っていたら、他の人に話が行ってしまいます。

タイミングを逃さずに「ぜひお願いします」と言うべきなのです。これは成功する人特有の、運命の女神の前髪のつかみ方です（↓１４４ページ）。変化に柔軟に対応して、偶然を力に変え続けるのです。

偶然を力に変え続ける

さて、パリへ行くとなると、それまで外国はすべて禽獣夷狄《きんじゅういてき》であると軽蔑していたのが、今度は早く外国の言葉を覚えて読めるようにならなければと思い直し、勉強を始めます。

パリ万博使節団一行は１８６７（慶応３）年1月に横浜を出航し、上海、香港、サイゴン、シンガポール、スリランカなどに立ち寄り、スエズ、アレキサンドリアを経由してフランスのマルセイユ、リヨンを経てパリに到着します。その道中で、上海《シャンハイ》の西欧式の町並み、掘削《くっさく》工事の進むスエズ運河などを見聞します。

フランスで昭武一行は（栄一は同席しませんでしたが）ナポレオン三世と謁見し、万博ののち、ヨーロッパ各国を視察します。

スイス、オランダ、ベルギー、イタリア、イギリスを訪れ、**政治制度、近代産業を学んだことがのちの実業家としての活動に大いに活かされます。**

一行が帰国したのは１８６８（明治元）年の終わりでおよそ2年間の洋行でした。帰国のきっかけは１８６７（慶応３）年の大政奉還《たいせいほうかん》でした。

ヨーロッパの近代社会から受けた主な影響

最新技術
農耕機
紡績機械
精密機械

社会
度量衡
新聞
民兵制
対等な官民の関係性

経済
貨幣
銀行
株式
合本組織
製鉄業

インフラ
水道・ガス
列車

そうした中でも……

↓

特にベルギー国王レオポルド1世との出会いは
生涯忘れられない経験になった。

武士が金のことを語るのは卑しいという考えがあったため、
国王自らが商談に加わるのは驚きだった。

↓

「鉄は国家なり」「官民一体での経済政策」を学ぶ。

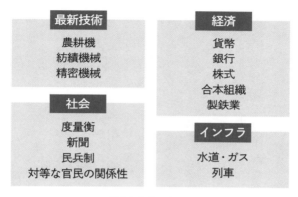

静岡藩で株式会社を設立

1867（慶応3）年10月、パリ万博使節団一行が遠く日本を離れているときに、なんと**大政奉還が起こりました。**自分の主人・徳川慶喜が政権を天皇に返上し、まさかの開国です。

栄一は「このときの驚きは言語に絶する」とのちに回想していますが、大政奉還後、すぐに帰ってきたわけでなく、その後1年ほど洋行を続けました。

日本に帰ってみると、慶喜は駿府《すんぷ》（静岡）に蟄居《ちっきょ》していたので、栄一も駿府に行って一生を送ることにしようと考えました。

慶喜の家来だったわけだから、駿府に行けば何か仕事があるだろう、何にもなかったら農業をすればいいと考えたのでした。これも運命に逆らわない生き方です。

駿河で暮らすことになり、地元の商人たちと関わるなかで、栄一は静岡藩に1つのアイデアを提案します。

そのアイデアとは金融のシステムで、一種の銀行業務です。

それによって殖産興業（明治時代に行われた日本の産業が発展するための産業政策）をはかっていこうと考えるのです。さらに、商売というものは1人の力では盛んにすることはできないので、西洋で行われていた合本組織《がっぽん》（公益を追求した株式会社）を採用するのがいいと考えます。

1869（明治2）年に合本組織で商法会所を設立します。業務内容は、金融業務、米穀肥料などの販売・貸与でした。

西洋で学んだ「合本」を実地に試すよい機会になりましたが、すぐに転機が訪れます。新政府から声がかかったのです。

大政奉還により徳川幕府消滅、帰国へ

1868(明治元)年11月、帰国

栄一は駿府(静岡県)に謹慎中の慶喜のところへ行き、
この地で民間人として生きることを決める。

ヨーロッパで得た知識と経験を活かし、
1869(明治2)年、日本初の株式会社である
「商法会所」を設立。

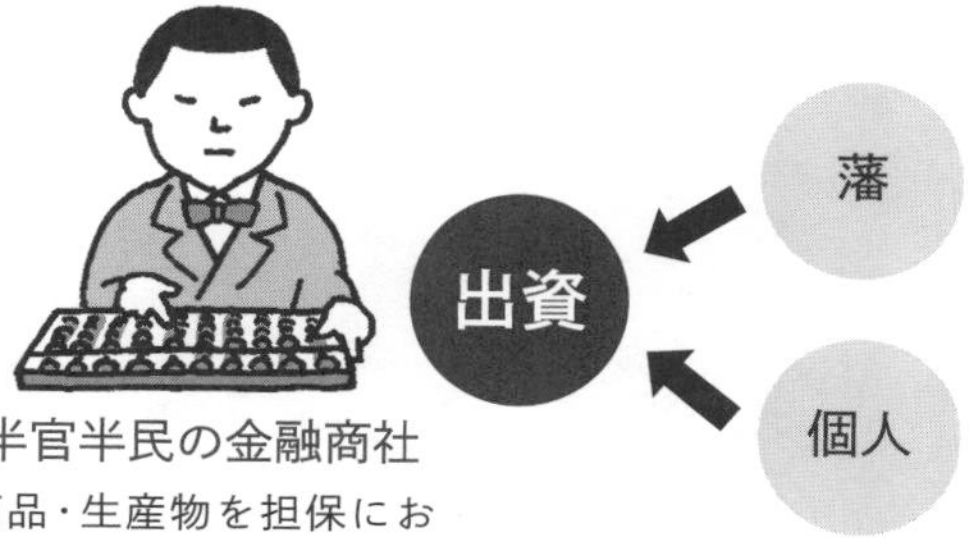

半官半民の金融商社
商品・生産物を担保にお金を貸したり、預かったりする銀行のような存在。

新政府からのスカウトを受け、さまざまな改革に従事

しからば自分にも愚説がある、それをご採用あるようにしたいといって、ここではじめて大蔵省に奉職するという意念になった。

――『雨夜譚』巻之四

大隈重信に説得されて

駿府にいた渋沢栄一は新政府に誘われます。「いやいや自分は駿府にいるつもりだ」と、とりあえず断るのですが、誰が自分を推挙したのだろう、おれは有名なのだろうかと、1人で面白くなって笑ってしまったそうです。

栄一は、大蔵省（現在の財務省）に出頭して正式に断ろうと、当時大蔵大輔《おおくらのたいふ》（今の財務省事務次官）だった大隈重信《おおくましげのぶ》に会いに行きます。

そこで、大隈から「聞くところによると、あなたは新政府をつくるという希望を抱いて艱難《かんなん》辛苦《しんく》をなめた人ではないか。同志なのだから一緒にやろう」と言われ、辞退もできず、**大蔵省に奉職することになりました。**

当時のシステムがすごいのは全国を見渡して、「この者はできる」という話を聞いたら、人物本位で採用してしまうことです。試験などないのです。現代でこんなことはありえないでしょう。高級官僚になるには国家公務員試験を経て、エリートコースを歩んで官僚気質を身に

官僚時代の年譜

西暦	和暦	年齢	出来事	世の中の動き
1869	明治 2	29	明治政府に仕え、民部省租税正、民部省改正掛掛長となる。	
1871	明治 4	31	父、市郎右衛門死去。初代紙幣頭を兼任。『立会略則』発刊。	廃藩置県
1872	明治 5	32	大蔵少輔になり、さまざまな改革に従事。	新橋一横浜間鉄道開通
			養育院を設立。	
1873	明治 6	33	政府の財政方針に反対し、井上馨とともに大蔵省を辞職。	

商法会所の事業が軌道に乗り始めた矢先、政府から呼び出しを受ける。なんと、官僚として税制の改正や金融改革に尽力してほしいという。栄一は商法会所と徳川家への思いを話し、断ろうとした。

ところが……

大隈重信

大隈重信の懇切な説得を断れず、引き受けることに。

つけていきます。

しかし栄一は元来、官僚気質ではありません。もっと大胆な人間なのですが、お前はできるだろうと引き抜かれてしまう。実績があって志のある人をぽんと引き抜いて大蔵省の仕事をさせ、やがて、その人間を大蔵大臣にしようではないかという流れすらできるのです（栄一を大蔵大臣にという構想がありました）。有望な人物であれば躊躇なく登用していったのです。

大蔵省で制度改革を手がける

大蔵省で栄一は、全国の測量、度量衡や租税制度の改正、駅伝法の改良、貨幣・禄制《ろくせい》の改革、鉄道敷設、諸官庁の建築などを手がけます。

私は東大法学部で法律を勉強しましたが、**こんな重要な法律を次々につくって、さまざまな改革を行うというのは、人間業《わざ》ではありません。**その一分野だけでも、今なら20～30年かけて議論してやることを1人の人間が短期間にやってしまうことが不思議です。

明治の新政府は大変に小回りの利く、高速で回転する小集団だったようです。

たとえば佐賀の七賢人の1人、江藤新平《えとうしんぺい》は新政府で司法卿《しほうきょう》（司法省長官）になりますが、フランスの法律などをとにかくスピード重視で訳させました。多少の間違いがあってもいいから、とにかく早くやれという勢いです。

何もないのだから、ないよりあったほうがいいだろうとばかりに、近代的な国家の法律がないならフランスの民法をそのままもってこいと、優れたものをものすごく速いスピードで取り入れていく。こうしたスピード感が、栄一のなかに時代の空気とセットで入ってきます。

栄一の官僚としての役割と、手掛けた主な仕事

民部大蔵省の租税正(税務関係の仕事に関する役職)に。

※1870年7月、民部省は廃省し、職掌のほとんどが大蔵省へ引き継がれる。

↓

大隈重信に改正掛(行政制度などを調査・研究・企画する部署)の設置を提案。

↓

民部大蔵省内に改正掛ができ、掛長となって租税正と兼務する。

メンバーは12、3人ほど。文章がうまい者、技術、学術、芸術に造詣が深い者、洋書が読める者など、優秀な人材を集めた。

メンバーの中には後に「日本郵便制度の父」と呼ばれる前島密(1835～1919年)もいた。

↓

のちに大蔵少輔(局長)に出世し、
大蔵大輔(次官)であった井上馨の右腕として働く。

この間、恐るべき事務能力を発揮し、
2年足らずで200以上の改革事業に携わる。

大蔵省の構造改革	禄制の改革	藩札の処理
度量衡の改正	諸官庁の建築	駅伝法の改良
貨幣制度改革	全国測量	鉄道敷設
国立銀行条例制定	租税制度の改正	養育院の設立

…etc.

大蔵官僚として数々の功績を残し、民間へ

むしろこの望み薄い職務を辞して、過日陳述した望みの多い商業社会に尽力する所存である。現今のありさまではいやしくも学問があるとか、気力があるとか、智慧があるとか、その他一芸一能あるものはことごとく官途に進むという傾きで、民間に人物は少しもないから、ついに上下の権衡を失って国家の実力を発達することができぬ。

――『雨夜譚』巻之五

養育院で孤児を保護する

渋沢栄一は大蔵省時代に、商工業だけでなく社会事業も手がけます。その1つが養育院の設立でした。養育院は、東京の生活困窮者、孤児、障害者などを保護する施設です。

1872（明治5）年に養育院を設立し、その後東京府の直営事業となったあとも、天寿を全うするまで長きにわたり院長を務めます。

この仕事は、栄一の業績のなかでも最も評価されるべきことの1つではないかと思います。実業家は慈善事業をすべきだという考え方をもち、それを自ら実践したのです。彼は各種公債を購入して、その利子収入で養育院を運営しました。

当時、養育院に入ってくる子の多くは孤児です。栄一は、孤児が温かい家庭に育つ子どもと

公益事業にも熱心に取り組む

幕府瓦解の影響で街には困窮者があふれていた。

↓

そこで、

1872(明治5)年、官僚時代に養育院を設立。

1885(明治18)年からは院長を務め、生涯の事業とする。
当時は「慈善事業は利益はなく、怠け者を生み出すだけで害にしかならない」などの意見で廃止の危機もあったが、渋沢は養育院を守り続けた。

その他、栄一が関わった主な公益団体

東京慈恵会　日本赤十字社　聖路加病院

違うことを知ります。温かい家庭で育った子にはすねたり甘えたりする自由さがありますが、養育院の子どもにはそういった奔放さがなく、楽しみも自由もないととらえます。

そこで、書記の1人に父親の役をさせ、サツマイモやせんべいを与えてなじませていったら、子どもたちがだんだん元気になり、勉強もよくするようになったというのです。

温かい家庭のように甘えられるようにして、楽しい気持ちになると発育がよくなる。発育が足りない子には食事を与えることも大事だが、甘えさせることも大事だとし、これを育児上の一発見と言っています。このあたりを見ると、栄一の人となりもよくわかります。真心をもって取り組んでいたのです。

『論語』のなかに知仁勇（↓98ページ）という言葉があります。

〈知者は惑わず、仁者は憂えず、勇者は懼《おそ》れず〉の知仁勇です。知は判断力、仁は真心、優しさ、勇は勇気、行動力。『論語』でいう三徳です。栄一はまさに判断力と真心、優しさと勇気、行動力がバランスよく整っています。

それが養育院の運営に表れています。栄一は自分の経営能力をもってこれを支えました。

大蔵省を辞めて野に下る

官僚として新しい制度をつくり、さまざまな改革を実行した栄一ですが、あるときさっぱりと大蔵省を辞めます。1873（明治6）年、33歳のときでした。

その理由としては、大蔵卿（大蔵大臣）の大《おお》久保利通《くぼとしみち》への不信がありました。「大久保は大蔵省の主権者でありながら財政がわかっていない」という思いをもっていました。そして、大久保のあとに大蔵卿に就いた大隈重信とは財政政策をめぐって対立しました。

しかしこうした理由以上に、民間人となって成し遂げたいことがありました。日本の産業を発展させることでした。これが辞任の最大の理由でした。商工業を発展させて国の経済を成長させなくてはならない。その仕事を実現させたいという大望がありました。

「民間に人物がいないから上下のバランスが悪い」と言います。下というのは民間のことです。**民間に人材がいないので、自分はそちらに行って商業社会に尽力したいと考えた**のです。

エリートが官僚になるのは当然だという考え方は、長い間ありました。帝国大学（東京大学）ができるのは少し時代が下ってからですが、帝大の法学部は、もともとは官僚養成のための場所でした。それが第一の目的になっていたので、卒業生が一般の企業に勤めることを「民間に行く」と言いました。明治時代は、官僚になって天下国家を担うのがエリートのすべきこととされていたのです。その後、帝大を出て民間の銀行や大企業に勤める学生が増えていきます。官民のバランスをよくしていこうという栄一の考えには先見の明があったのです。

民間に人物がいないから自分がそれをやると言って、栄一は退官しますが、大蔵官僚として、国づくりに重要な貨幣、鉄道、租税に関する経験を積んだことは、のちのち大きく活きていきます。

栄一が退官した2つの理由とは？

理由1 政府高官との対立
財源を度外視して予算を組みたい
大久保利通
大隈重信
対立
財政規律を守りたい
井上馨
渋沢栄一
理由2 官尊民卑の打破
金のために辞官して商売をしようというのではない。私は『論語』の精神をもって、実業界の地位を上げたいのだ。
渋沢栄一

実業人時代 1

日本資本主義の父へ

これで全く大蔵省すなわち官途の関係はすこしもない身分となったによって、そこで前年から企望《きぼう》していた銀行創立について、三井・小野両家の人々とも協議して、銀行事務を担任することを約束して、その月からこれに従事することになりました。

――『雨夜譚』巻之五

第一国立銀行の創設

渋沢栄一の大きな業績の1つに日本初の銀行の創設があります。大蔵省の官僚として第一国立銀行の創設を主導し、退官と同時に移籍して創立総会を開きます。1873(明治6)年のことでした。第一国立銀行という名称ではありますが、民間経営の銀行です。

民間人となった栄一は500に近い企業を興し、日本の経済発展に尽力していきますが、その起点となったのが第一国立銀行でした。企業を興すには資金が必要です。その資金を第一国立銀行が融資します。

設立されたばかりの銀行側からすれば貸付先が必要ですから、栄一は貸付先の企業を創出していったのです。

栄一は、抄紙《しょうし》会社、東京瓦斯《ガス》会社、東京電灯会社、東京海上保険会社、日本鉄道会社、大阪紡績会社、共同運輸会社と次々と産業の基幹と

実業人になってからの年譜

西暦	和暦	年齢	出来事	世の中の動き
1873	明治 6	33	第一国立銀行開業、総監役に就任。	
			抄紙会社(現・王子製紙)創立。	
1875	明治 8	35	第一国立銀行の頭取に。	
			商法講習所(現・一橋大学)創立に協力。	
1876	明治 9	36	東京府養育院事務長に。	
1878	明治11	38	岩崎弥太郎との屋形船会合事件。	大久保利通暗殺
1879	明治12	39	東京海上保険会社(現・東京海上日動)創立。	
1883	明治16	43	東京商工会初代会頭に就任。	
			大阪紡績会社(現・東洋紡績)工場落成。	
1884	明治17	44	日本鉄道会社理事委員に。	
1885	明治18	45	日本郵船会社、東京瓦斯会社(現・東京ガス)創立。東京養育院院長に。	
1886	明治19	46	東京電灯会社設立。	
1887	明治20	47	日本煉瓦製造会社創立。	
			帝国ホテル創立。	
			女子教育奨励会創立。	
1888	明治21	48	札幌麦酒(現・サッポロビール)創立。	
			東京女学館開校。	
1889	明治22	49	東京石川島造船所(現・IHI)創立。	大日本帝国憲法公布
1890	明治23	50	貴族院議員となる。	
1900	明治33	60	男爵に。	
1901	明治34	61	日本女子大学校開校。	
1902	明治35	62	ルーズベルト大統領と会見。	日英同盟協定調印
1906	明治39	66	東京電力会社・京阪電気鉄道会社設立。	
1907	明治40	67	帝国劇場会社創立。	

なる会社を設立していきます。国立銀行、私立銀行の創設にも関与し、東京手形交換所も設立し、日本の金融システムの構築にも粉骨砕身します。

栄一は設立に関与した多くの会社で経営陣あるいは大株主に名を連ねます。これらの会社で、彼は設立発起人の1人となり、創立総会の議長役として取締役の指名を行いました。株主たちの意見調整を行うとき、「渋沢栄一」の名前が果たした役割は大きかったといいます。

なぜ渋沢財閥はないのか？

こうした事業を展開するなかで、栄一が精神の柱としたものが『論語』でした。彼は「論語で一生を貫いてみせる」とまで言っていますが、「仁義道徳に基づかないと、利殖はうまくいかない」（利殖とは会社の利益）、「富は道理を得たものでなければならない」「個人の富は国の富であるから、自分だけが儲かればいいという考えでは駄目だ」などの言葉を残しています（詳しくはチャプター2）。

栄一の考えは、**皆が参加して国民全体に利益が行き渡るようなものにしなければ、国の繁栄はない**。自分だけが儲かるという考えではいけないというものです。

たとえば、岩崎《いわさき》弥《や》太《た》郎《ろう》は三菱財閥をつくり、いまも三菱グループというかたちで残っていますが、渋沢財閥というものはありません。栄一の力をもってすれば財閥をつくることはたやすかったでしょう。でも、それはしなかった。

当時は日本経済の基盤を整える時代でしたから、そのときに、岩崎弥太郎のように才覚のある人間が一気に産業を独占するのはいけないと考えたのです（→180ページ）。

第一国立銀行誕生の経緯

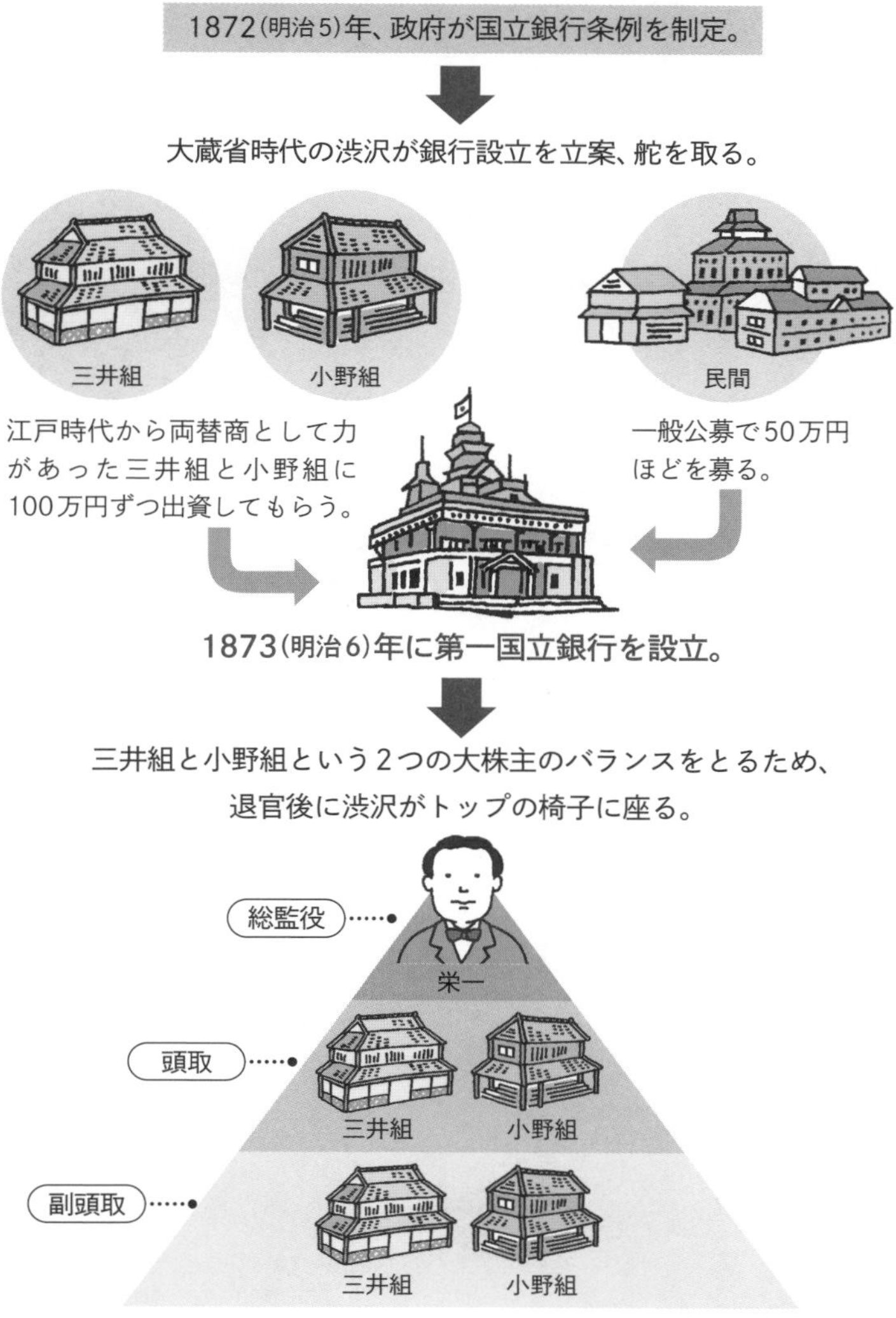
1872(明治5)年、政府が国立銀行条例を制定。
大蔵省時代の渋沢が銀行設立を立案、舵を取る。
三井組
小野組
民間
江戸時代から両替商として力があった三井組と小野組に100万円ずつ出資してもらう。
一般公募で50万円ほどを募る。
1873(明治6)年に第一国立銀行を設立。
三井組と小野組という2つの大株主のバランスをとるため、退官後に渋沢がトップの椅子に座る。
総監役
栄一
頭取
三井組
小野組
副頭取
三井組
小野組

	渋沢が関わった会社・団体	その後の主な後身	渋沢の関わり
	財団法人理化学研究所	国立研究開発法人理化学研究所	設立委員、発起人など
	日本瓦斯会社	東京ガス	払受人総代・委員長
	清水屋	清水建設	相談役
	田園都市	東急不動産	発起人
	東京株式取引所	東京証券取引所	創立出願・株主
	帝国ホテル	帝国ホテル	取締役会長
	秀英舎	大日本印刷	援助
	東京建物	東京建物	発起人
鉱業 	足尾鉱山組合	古河機械金属	設立援助、債権者仲裁など
経済団体 	東京商法会議所	日本商工会議所	発起人、会頭など
	東京養育院	東京都健康長寿医療センター	院長
社会事業 	中央慈善協会	全国社会福祉協議会	会長

公益財団法人渋沢栄一記念財団「渋沢栄一関連会社名・団体名変遷図」
〈https://eiichi.shibusawa.or.jp/namechangecharts/#a4〉を基に作成。

渋沢が関わった主な会社や団体

	渋沢が関わった会社・団体	その後の主な後身	渋沢の関わり
金融	国立第一銀行	みずほ銀行	総監役・頭取
	三井銀行	三井銀行	創立賛意
	横浜正金銀行	三菱UFJ銀行	株主
	東京貯蓄銀行	りそな銀行	設立出願、取締役会長など
	日本銀行	日本銀行	株主・割引委員
	東京海上保険会社	東京海上日動	創立総理代人、発起人など
交通・通信	日本郵船会社	日本郵船	取締役・相談役
	日本鉄道会社	JR	理事委員、株主など
	日本無線電信	KDDI	相談役
商工業	大阪紡績会社	東洋紡績	創立世話掛、発起人など
	抄紙会社	王子製紙	設立計画
	日本皮革	ニッピ	発起人・相談役
	札幌麦酒会社	サッポロビール	委員長
	ジャパン・ブリュワリー・コンパニー・リミテッド	キリンビール	理事員・株主
	東洋製鉄	新日本製鉄	創立準備委員長、創立委員など
	東京石川島造船所	IHI	取締役会長
	汽車製造	川崎重工業	創立委員・監査役
	三共	第一三共	援助

実業人時代 2

恐るべきスピード感で日本の文化・教育事業に尽力

私の考える処《ところ》では、維新の大業が成就した当時において、第一に進むべきものは文運であると思い、かつ文運の発達には製紙事業を興して、廉価な洋紙を供給し、図書及び新聞雑誌等の出版を盛んならしめる事も重要なる要素の一つである。

——『渋沢栄一自叙伝』洋紙製造事業と私との因縁

文化の興隆にも貢献する

渋沢栄一の起業の考え方を示すものの1つとして抄紙会社（現・王子製紙）の創立があります。

栄一は、維新を成就させた日本がまず進めるべきは文運だと考えました。「文運」とは学問や芸術が盛んな状態です。教育を振興するとともに情報を広く行き渡らせ、国民を啓蒙《けいもう》し、日本に新しい文化が生まれる基盤を整えたいと考えたのです。

そのために新聞・出版を盛んにしようと、新聞・書籍・雑誌を印刷するのに適切な、廉価な西洋の紙（和紙ではなく洋紙）を供給することを考えました。そうした理由によって製紙事業を興したのです。**商工業の発展だけでなく、文化の興隆にも目配りしていました。**栄一は製紙会社を創立しただけでなく、用紙の品質の指導も行っています。

渋沢が関わった主な文化・教育事業

	渋沢が関わった会社・団体	その後の主な後身	渋沢の関わり
文化	帝国劇場	帝国劇場	発起人取締役会長など
	中外物価新報局	日本経済新聞社	援助
	東洋経済新報社	東洋経済新報社	援助
	国際通信	共同通信社	創立委員会座長など
	日本放送協会	日本放送協会	顧問
教育	商法講習所	一橋大学	経営委員
	大倉商業学校	東京経済大学	設立委員など
	女子教育奨励会	東京女学館	評議員長
	日本女子大学校	日本女子大学	校長

公益財団法人渋沢栄一記念財団「渋沢栄一関連会社名・団体名変遷図」〈https://eiichi.shibusawa.or.jp/namechangecharts/#a4〉を基に作成。

会社を興すときの栄一の役割はいわばプロデューサーです。資金を集めて（株主を募って）、会社を設立し、その経営に適任の人材を当てはめます。その人材は、幅広い人脈からその事業に適切な人物を登用しました（→166ページ）。

映画プロデューサーにたとえるとわかりやすいかもしれません。映画のプロデューサーは、こんな映画をつくろうと考え、資金を集め、監督を選び、その後は監督が製作を仕切っていきます。栄一がやったことは、こういう映画（会社）をつくろう。ついては君が監督（経営）をやってくれ。その資金については私が調達するから――というやり方です。

女子教育、商業教育を振興する

プロデューサー方式が典型的に表れているのが日本女子大学校（1901〈明治34〉年開校）への支援です。新しい時代には新しい女子教育が必要であると考えていた栄一は、設立者の成瀬《なる せ》仁蔵《じんぞう》の教育に非常に共感して、学校の運営は成瀬に全部を任せて、寄付、寮舎の寄贈などをして経営面をバックアップするのです。

女子教育に関しては、それ以前の1887（明治20）年に伊藤博文などとともに女子教育奨励会を創設し、それをもとに東京女学館が開校しました。栄一はのちに東京女学館の五代目の館長に就任しています。

栄一は教育事業を強く支援しましたが、なかでも**実業教育には多くの力を注ぎました。**

日本の産業を盛んにするためには、商工業に有為な人材を養成する必要があると考え、私立東京商業学校、大倉商業学校、横浜商業学校、高千穂商業学校などの設立に関与しています。開校式で挨拶をすることもありました。

一橋大学（当時、東京商業学校）については、東京会議所会頭として支援し、その後、予算の削減に対しては財政面を支えました。

商業学校の大学昇格は文部省の反対にあって容易ではありませんでしたが、1920（大正9）年に東京商科大学への昇格を果たします。一橋大学が現在のかたちを整えるまでには栄一の大きな支援があったのです。

「本質直観力」とビジネススキル

栄一は日本経済のベースとなる基幹産業の振興に力を注ぎ、驚くべきスピード感でさまざまな会社や事業を興していきましたが、その人並

栄一ならではの「本質直観力」とは？

栄一は渡欧したときに株式会社（合本組織）を見て、
次の本質を理解した。

武士が持とうと、
農民が持とうと一
株は一株。
経営権を持つこと
に身分など関係な
いはず。

株式会社など、幕藩体制下ではありえない制度であるが、もともと身分制度や官尊民卑を嫌っていた渋沢だからこそ、その重要性と必要性に気づくことができた。

↓

本質直観力

＝

既成概念（制度や身分など）にとらわれずにモノを見る力。

み外れた能力の1つは、瞬時に物事の本質をとらえる力でした。**「本質直観力」に優れていた**のです。

　オフィスワークも得意で、事務や雑用もこなし、書類にミスがありません。大きな仕事を考える人たちには書類作成が苦手な人がいますが、栄一は一橋家で、そして大蔵省で金融業務に就いて書類作成をやっていたので事務もできます。高度なビジネススキルの持ち主でした。

　どんな仕事にあたっても本質を直観し、細かな実務の手続きにも明るい。「手続き力」「段取り力」もあったので、組織を成り立たせるための煩雑な仕事も難なくこなしました。

　大枠だけを決めてあとは部下に任せるというタイプの経営者ではなかったのです。

晩年

最後まで『論語』に忠実に生きた経済人

実業界に入ったと言っても、財産を蓄積することが目的でなく、新しく事業を起すということが私の主意であったのである。

――『渋沢栄一自叙伝』還暦を迎えて

ノーベル平和賞の候補に

あまり広く知られていないことかもしれませんが、渋沢栄一はノーベル平和賞の候補に2回ノミネートされています。時代が大正から昭和に変わる時期の1926（大正15）年と1927（昭和2）年、80歳代の半ばのことです。

候補に挙げられた理由は、欧米諸国と日本の経済人の相互理解の促進、日米間の友好促進などでした。民間外交の先駆者だったのです。栄一の活動は、国内にとどまらず国際的に高い評価を得ていました。

晩年のエピソードをいくつか紹介しましょう。

1927年、前年に中国国民党の最高権力者となっていた蔣介石《しょうかいせき》が栄一を訪ねてきます。栄一87歳、蔣介石40歳のときです。

栄一は「人の交わりの根本は孔子のいう恕《じょ》である」と語り、「中国と日本は、互いに欲しないことを相手に施そうとしているから、それは

晩年の年譜

西暦	和暦	年齢	出来事	世の中の動き
1912	大正元	72	渋沢喜作、翌年に徳川慶喜が死去。	
1914	大正 3	74	日中の経済界の交流のため中国訪問。	第一次世界大戦
1915	大正 4	75	パナマ運河開通博覧会のため渡米。	
			米ウイルソン大統領と会見。	
1916	大正 5	76	実業界を引退、社会公共事業に尽力。	
			『論語と算盤』を著す。	
1920	大正 9	80	国際連盟協会創立。子爵に。	戦後恐慌
1921	大正10	81	排日問題解決のため渡米、ハーディング大統領と会見。	
1923	大正12	83	大震災善後会創立。	関東大震災
1926	大正15	86	ノーベル平和賞候補に。1927年も。	
1927	昭和 2	87	日本国際児童親善会創立、会長に。	
1931	昭和 6	91	11月11日、死去。	満洲事変

排日移民法が原因で悪化した日米関係にも尽力した栄一

日米の対立を懸念していた栄一は、日米の親善活動に携わった。中でも、1927（昭和2）年に行われた人形使節は有名。米国から「青い目の人形」が約1万2000体贈られてきて、日本は「答礼人形」として市松人形58体を贈った。こうした活動も含めて評価され、ノーベル平和賞候補となった。

いけない。仲よくしたほうがいい」と言って、蔣介石は感銘を受けたといわれます。「恕」とは思いやりのことです。

『論語』の〈己の欲せざるところは、人に施すことなかれ〉という言葉を引用したわけです。弟子の子貢《しこう》が「一生かけて行う価値のあるものはありますか」と問うと、孔子は「それは恕だ。自分がされたくないことは、人にしないように」と答えました。

日本人が中国人に『論語』の精神を説くのはユニークですが、蔣介石は栄一の人格から発せられた言葉に敬服したのでしょう。

アメリカ大統領セオドア・ルーズベルトとも会見しています。商工業の視察のために欧米各国を巡った際に、ホワイトハウスでルーズベルトに会って30分ほど懇談しています。

若き日にあれよあれよという間に人生が変転して農民から尊皇攘夷の志士に、さらに幕臣にまでなりました。その後、新政府の官僚を経験し、民間人となって日本の産業に多大な貢献をしていく。そうして大実業家となった晩年に、アメリカ大統領や中国国民党の首領に会う。

栄一が世界のトップの人物と話ができたのは、『論語』を精神の柱にした考えが世界に通用する内容をもっていたからです。

お金は仕事の残りかす

栄一から学ぶ一番大きなところは、つねに事象に理性的に対処する姿勢です。その基礎にあるのが、世のためになるという志でした。

幼い頃に『論語』を読むことで、皆をよくするためにはどうしたらいいのだろうと考える倫理観を身につけた。これは、さまざまな事業を興し、国の経済を発展させるときの大事な思想でした。栄一の生涯の骨格となったものは何かを考えると、それは倫理観であって、『論語』に象徴されるものが柱になっています。その柱があって、バイタリティ、明るさ、上機嫌さが彼にはありました。明治時代の人としては珍しく機嫌がいい人で、いつもにこやかで温厚だったといいます。

栄一は、助けられるものはとにかく助けました。それほど多くの仕事にかかわってストレスはたまらないのかと思うほど、自分の能力を最大限発揮して人を助けていきます。社会のためになることを実現させていくのが、気分のよいことだったのでしょう。

「**お金というのは、仕事の残りかすみたいなものだ**」と栄一は言います。「かすばっかりためていてもしょうがない」と。その考えが、生き方、働き方として非常にクリアです。

お金は仕事の残りかすであって、それに気をとられていてはいけない。仕事をやることこそが大事なのだという生き方です。

最期まで他人のことを気にかけた栄一

病床にふせってもなお、養育院の子の心配をしたという。

CHAPTER 2

今だからこそ胸に刻みたい『論語と算盤』の教え

道徳（論語）と商売（算盤）という
一見相容れないものを、渋沢栄一は
どのように解釈、実践して
両立させたのでしょうか？
そして、『論語と算盤』は
なぜ今も名著として
読みつがれているのでしょうか？
全10章立てで構成される
『論語と算盤』から、
ハイライトとなる箇所をピックアップし、
私たちのビジネスや生き方を
振り返りながら学んでいきます。

『論語』を精神の柱とせよ

人の世に処せんとして道を誤《あや》まらざらんとするには、まず論語を熟読せよ。
——第1章　処世と信条［士魂商才］

道を踏み外さないために

「生きるうえで、道を踏み外さないためには『論語』を熟読しなさい」と渋沢栄一は語りますが、江戸時代には寺子屋で『論語』を学び、儒教の考え方を身につけることは必須の教養でした。

しかし、明治を迎えた世の中では、『論語』を精神の柱にするという考えは斬新でした。新しい時代に進もうとするとき、古い学問の象徴のような『論語』を読めというのは、時代の流れに逆行するようなことだったからです。

しかも栄一は、ただ「読め」というのではなく「熟読せよ」と言います。熟読して、この世に処していくための具体的なルール、信条をそこに求めよと。

本を読んで、その内容を知れば、その本を読んだといえますが、『論語』**の場合は、その内容を実践できなければ無意味**です。孔子自身がそういう考えをもっていました。弟子の1人が「先生の言うことはよくわかります」と言うと、孔子は「それは一生かかってもできることではないよ」と返しました。1つのことを一生やり

『論語』を熟読すれば道を誤らない

遂げるのは難しいと孔子は語るのです。

大きな成功より大事なこと

栄一は『論語』を熟読し、精神の柱として日々実践していくことこそが大事だと考えました。**大きな成功よりも道を踏み外さないことのほうが大切だ**と説きます。

たとえば現代を見渡すと、大企業の経営者が法律に違反し、会社が不祥事を起こす場合があります。能力があり、高い地位にいる人が道を誤って会社を大きく傾かせ、刑務所に入ることがあります。しかし、『論語』を熟読してさえいれば、そのような犯罪や不道徳なことに手を染めようとは思わないはずです。

道を誤らないためにも、『論語』を座右の書とせよというメッセージを、栄一は冒頭に掲げています。

古典を自分に合わせて読み換えよ

論語にはおのれを修め人に交わる日常の教えが説いてある。論語は最も欠点の少ない教訓であるが、この論語で商売はできまいかと考えた。そして私は論語の教訓に従って商売し、利殖を図ることができると考えたのである。

——第1章　処世と信条［論語は万人共通の実用的教訓］

『論語』の教訓は商売に活かせる

『論語』で商売ができないか、そしてその教えに従って商売をすれば、利殖を図ることができるのではないか——こんな発想ができるのは渋沢栄一ぐらいです。

なぜなら、『論語』は金儲けとはまったく反対の教えを説くものと考えられていたからです。

孔子の弟子のなかには金儲けの上手な人もいましたが、孔子が褒めるのはいつも、顔回《がんかい》という名の弟子でした。たいへん貧しくても一生懸命学問を続けるその姿に、孔子は賛辞を送ったのです。

それが日本の武士の価値観と合致して、金儲けは商人がやるもの、お金は卑しいものという考えが広まりました。

江戸時代の身分制度は「士農工商」。商人は一番下に置かれました。商売は、安く買って高く売るのが基本です。つまり、利幅で儲ける。それがちょっとズルをしているようにも見えるため、武士は潔くないと考えていたわけです。

栄一の「道徳経済合一説」

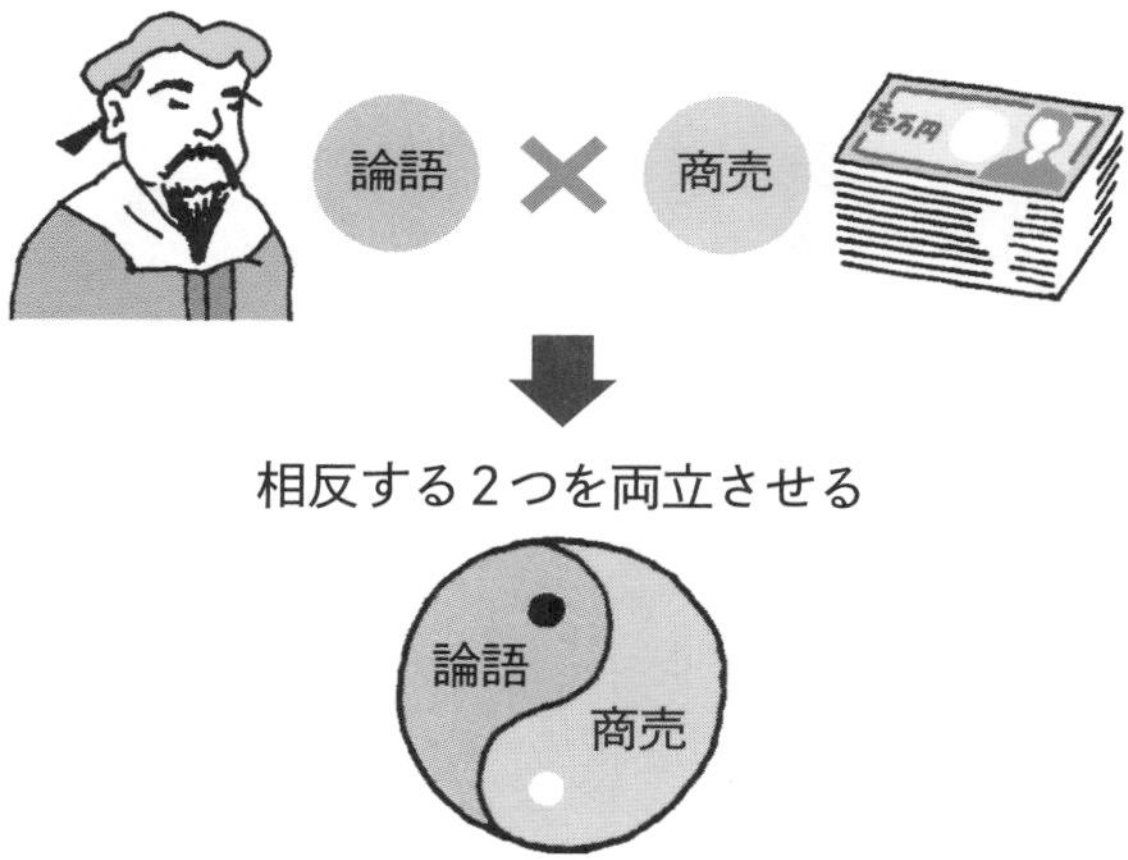
論語
商売
壱万円
相反する2つを両立させる
論語
商売

実際は武士も年貢を取り立てて、自分たちの禄《ろく》をはむわけですから、本来は商人だけが卑しいということにはならないのですが、武士はそういう気概で倫理観を保っていました。

しかし、『論語』を読み込んだ栄一は、**「論語は商売を否定していない」と解釈し、さらにその教訓は商売に活かせるのではないかと考えました。**たしかに、孔子は商売を推奨しているわけではないが、語っている内容は、商売をするうえで大変なプラスになるのではないかと得心したわけです。

そして、『論語』を商売用に読み換えていく作業を行いました。

古典本来の活かし方

古典の字句を一つひとつ解釈していく学問は訓詁学《くんこがく》といいますが、栄一の行った読み換えはそれとは違って、実地に即していたのが大きな特徴です。平たく言うと、「古典の○○という言葉は、今の世の中では△△に当たるのではないか」という読み方をします。

たとえば、『孫子』は戦いについての本（兵法書）ですが、現代でも、ビジネス社会を1つの戦場と見立てて、さまざまな教訓が得られるものとして読まれています。ビル・ゲイツも『孫子』を読んで、ビジネスを勝ち抜くヒントを得ていたといわれます。

マキャベリの『君主論』も、もともとはメディチ家の当主に贈られた本ですが、今でも読まれています。人間関係に関して、いつの時代にも通じる鋭い視点が含まれているからです。

そして『論語』には、自分の身を修めて人に交わるときの教えが数多く書かれています。

商売や経済は、自分の身を律して、他の人と上手に交わっていくことが基本です。

だから『論語』の教えは経済に生きるはずであると栄一は考え、『論語』という古典を、明治という新しい時代の経済活動に読み換えていきました。この**読み換えるという作業が、古典の本来の活かし方**なのです。

人生のエピソードに当てはめる

私は大学で学生と一緒に『論語』を読むことがあります。そのときには、必ず引用をさせます。「5カ所を引用してください。その5カ所それぞれに、自分のこれまでの人生のエピソードを当てはめてみてください」と、『論語』の言葉と自分の人生のエピソードをセットで語ってもらいます。こうすれば、『論語』**を自分のものとして引きつけて読むことができる**ようになります。

古典を活かす読み方

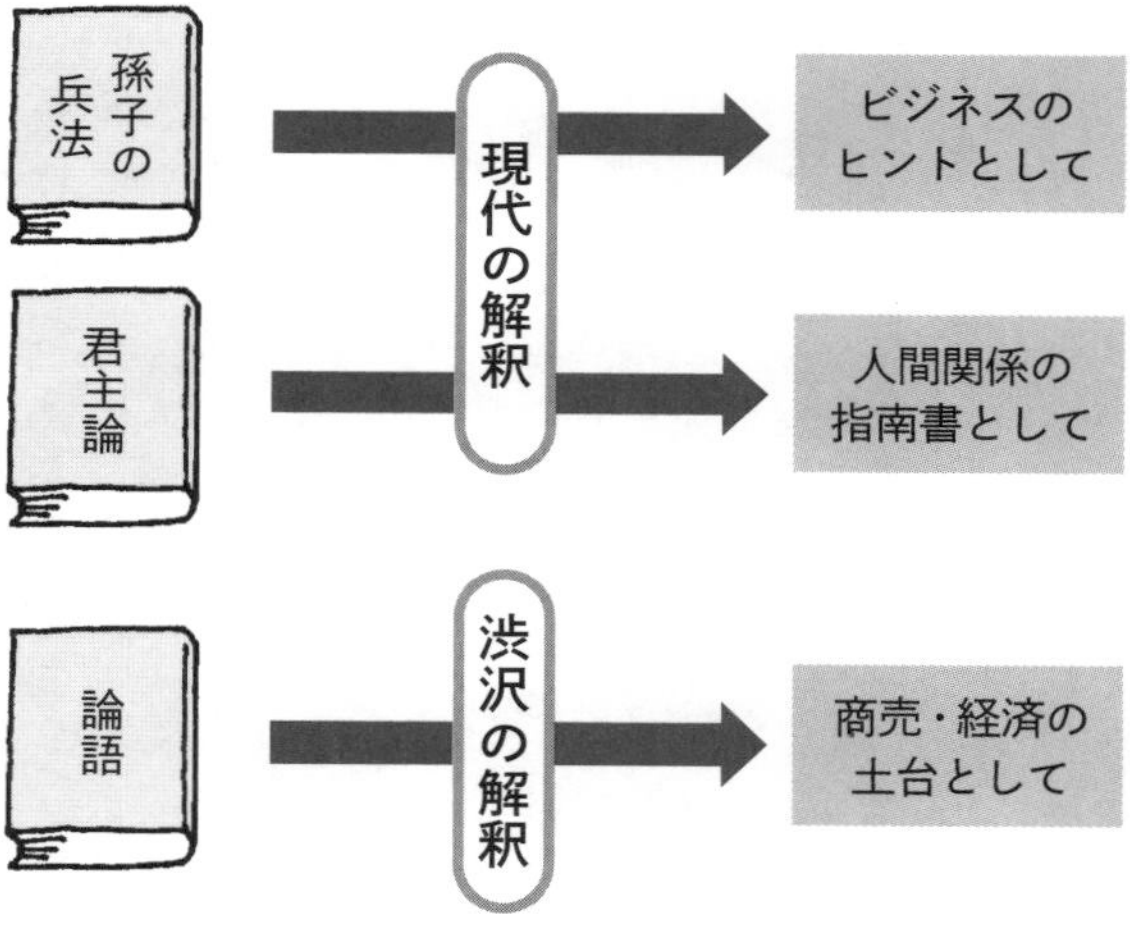

たとえば、『論語』に〈其《そ》の位に在《あ》らざれば、其の政《まつりごと》を謀《はか》らず〉という言葉があります。「そのポジションにないのなら、やるべきではない」という意味で、「人のことに余計な口出しをするな」ということです。学生に、この言葉を自分の経験に即して考えてもらうのです。

ある学生は、「コンサートに行ったら、警備員ではなくファンが客を誘導していた。どうしてそんな出過ぎたことをするのか、訝《いぶか》しく思った」と語りました。このように何気ない日常も古典に結びつけて解釈できるのです。

栄一は、経済活動の一つひとつに『論語』を徹底的に当てはめていきました。あるいは、自分の行動に引きつけて読むというやり方をしました。そのうえで、『論語』の教えに従って商売をすれば、利殖をはかることができるとわかったのです。

『論語と算盤』の教え 3

尊い仕事はいたるところにある

私は論語で一生を貫いてみせる。金銭を取り扱うが何故《なにゆえ》賤《いや》しいか。君のように金銭を卑しむようでは国家は立たぬ。官が高いとか、人爵《じんしゃく》が高いとかいうことは、そう尊いものでない。人間の勤むべき尊い仕事は到るところにある。

――第1章　処世と信条［論語は万人共通の実用的教訓］

金銭を卑しむな

渋沢栄一は、金銭を卑しむ傾向に反対しました。当時、志のある人間が語るのは天下国家であり、やるべきことは官僚となって国の計画を立てることだと思われていました。

「武士は食わねど高楊枝《たかようじ》」という言葉がありますが、満足に食べるお金がなくても食べているように見せる――そんなやせ我慢をするのが男子たるものであり、お金のことを言うのは卑しいとされていたのです。

そんななか、栄一は実業の世界に進む決意をします。当時、栄一は先進国の事情に詳しい有能な官吏として大蔵省で働いていました。それゆえ同僚が疑問をぶつけました。

「能力も高くて志も高いはずの君が、なぜ金儲けの道に行こうとするのか」

それに対して栄一は、「**金銭を卑しむようでは、国家は成り立たない**」と返しました。

経済によって成り立つ国家

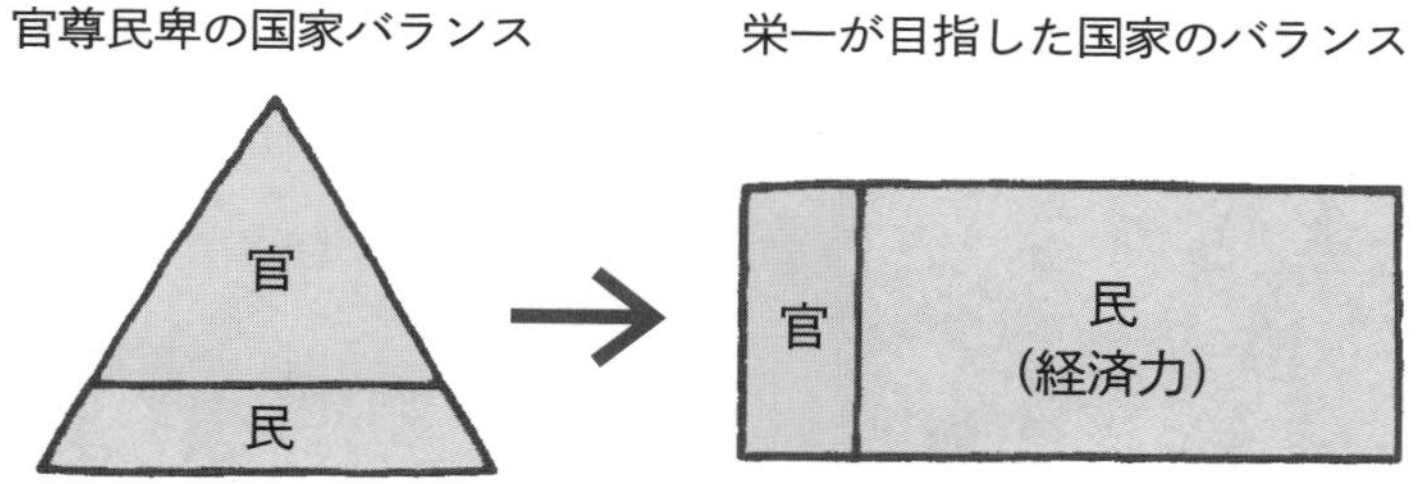
官尊民卑の国家バランス
官
民
栄一が目指した国家のバランス
官
民
(経済力)

彼は、経済こそが国を成り立たせるもので、民間の経済の活性化が大事なのだといち早く気づき、それを実践しました。

『論語』で一生を貫く

栄一は、新しい世の中は経済によって成り立つもので、その活動においても『論語』は柱になると言いました。**これは『論語』の解釈としても新しく、日本人の金銭を卑しむ傾向を転換させるもの**です。この舵《かじ》の切り方が見事です。

会社が日本にない時期に、こうした考えをもてたのは、じつに素晴らしいところです。

〈『論語』で一生を貫いてみせる〉という言い方も栄一らしい。いつも自分の歩みが真っ当な道からそれていないかをチェックするポイントに『論語』を置く、そういう生き方を宣言しました。

競争を避けてはならない

私一己の意見としては、争いは決して絶対に排斥すべきものでなく、処世の上にも甚《はなは》だ必要のものであろうかと信ずるのである。

——第1章 処世と信条［争いの可否］

競争があるほうが健全

できることなら争いは避けたいというのが人情かもしれません。しかし渋沢栄一は、争いは排斥すべきものではないと言います。

「争い」とは競争のことです。**競争は必ずしも悪いものではなく、むしろ処世のうえで必要ではないか、ある程度競争があったほうが健全ではないか、という考え方**です。

こうした考えは江戸時代にはありませんでした。新しいものを生み出すことより、社会の安定性が重視されました。お百姓さんは田植えをして、実った穂を収穫したら、次の年も同じことをやる。職人さんも毎年同じものを同じやり方でつくっていく。江戸時代は、同じことを繰り返していく再生産社会でした。

その場合には、競争は必ずしも必要ありません。

しかし、維新後の新しい経済社会ではよりよいものを生み出していかなくてはいけません。そのためにはある程度の競争が必要です。

競争の重要性とは？

	競争あり	競争なし
技術▶	発展	停滞
イノベーション▶	ある	ない
経済▶	発展	停滞
国力▶	発展	停滞

世間からは円満な人物と評されていた栄一だが、次のように語っている。

みだりに争うべきではないが、争いそのものを否定はしない。

新しいものを生み出す気力

栄一は、とくに青年時代において、〈絶対に争いを避けようとするごとき卑屈の根性では、到底進歩する見込みも、発達する見込みもなく〉と言っています。競争意識をもって、時には人と争ってでも自分の意見を通すことが必要だと説きます。

人と争って何かを成すという気力がない人は穏やかでいい人かもしれないが、そういう気力がなければ、新しいものが生み出されにくいと、栄一は考えました。

いつの時代であっても、新しく会社を興す人には闘争心があります。

自分こそが新しいものをつくってやるのだという気概と、既存の業界にけんかを売るような気力こそが必要であり、**競争を避けるようでは経済は発展しないと考えた**のです。

逆境を乗り越えるには

世の中に逆境は絶対にないと言い切ることはできないのである。ただ順逆を立つる人は、よろしくそのよって来るゆえんを講究《こうきゅう》し、それが人為的逆境であるか、ただしは自然的逆境であるかを区別し、しかる後これに応ずるの策を立てねばならぬ。

——第1章　処世と信条［大丈夫の試金石］

人為的か自然的か区別する

人生にはよいときもあれば、悪いときもあります。時には深く落ち込んでしまいます。それについて渋沢栄一はアドバイスします。

「逆境というのは必ずあるものだから、まずは、それが人為的な逆境なのか、自然的な逆境なのかを区別しよう」

自然的な逆境の場合は、その状況を受け入れて勉強しながらチャンスを待ち、人為的な逆境の場合は、反省して悪い点を改めます。

今逆境にある人は、それが人為的なのか自然的なのか、まず区別してみましょう。自分がミスをしたり、間違った発言をしたりして今の状態を生んでいる人為的ケースなら、反省して行動を改めればすみます。

ところが、自然的な逆境、たとえば勤めている会社が傾いた、などというのは自分1人の力では対処できません。その場合は、自分に与えられた仕事に黙々と取り組むしかないのです。

人生には浮き沈みがあり、自分の力の及ばない不運もあります。そのとき、**これは天災のようなものだからと耐えていくなかで、「逆境力」が鍛えられます。**

逆境への対処法

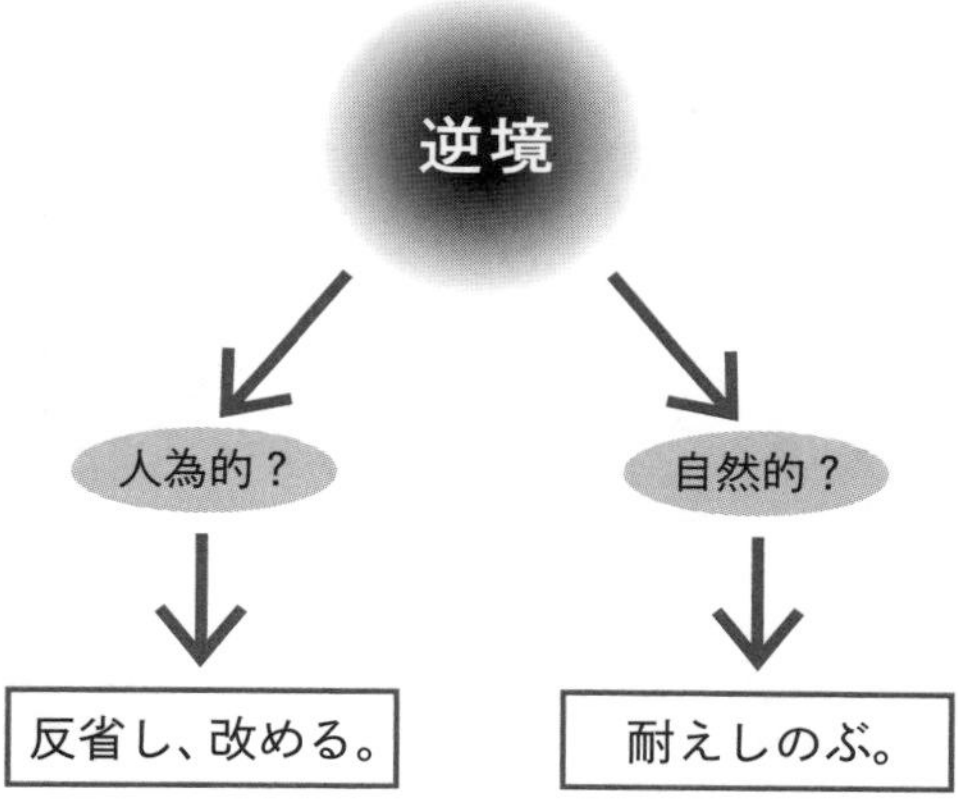

「逆境力」を鍛える

今、自分のことを「逆境に弱い」と思っている若い人が多いようです。順境では力を発揮できるが、逆風が吹いているときには頑張れない。そんなときは、栄一の言うように**人為的逆境なのか、それとも自然的逆境なのか、頭を整理してください**。すると、対処法が見つかりやすく、心理的プレッシャーも減ります。

体育会に所属する学生は、就職に有利だといわれます。スポーツの世界ではつねに逆境が押し寄せてきます。レギュラーになれないのも逆境です。「上の言うことを素直に聞く」という体育会系的な特徴を彼らに見るかもしれませんが、それよりも、逆境の中で培われた精神力が評価されている面のほうが大きいのです。

栄一の逆境への対処法を参考に、ぜひ「逆境力」を鍛えてください。

自分の力に合わせて穴を掘れ

私は蟹《かに》は甲羅に似せて穴を掘るという主義で、渋沢の分を守るということを心掛けておる。

――第1章 処世と信条［蟹穴主義が肝要］

夢を追いかけるな

自分のできることを知り、分をわきまえることは大切です。しかし、それは「小さくまとまれ」という意味ではありません。自分の能力の強みを活かして、自分のスタイルでやっていくことが大切なのです。

蟹《かに》は甲羅の形に合わせて穴を掘ります。大きい蟹の穴は大きく、小さい蟹の穴は小さい。その形も甲羅をかたどります。

人にはそれぞれの能力のスケールや、得意、不得意があります。だから**蟹のように自分のスタイルでやるほかない**と渋沢栄一は言います。

そのためには、まず自分を知る必要があります。自分の力を過信して、できない望みを追い求める人もいますが、それがとんだ間違いを引き起こすことがあります。

今、「夢をもとう」とよく言われます。小学生や中学生に向かって、夢をもつことは大事だと言うのはいいことだと思いますが、大学生に対してそれを言うのは無責任です。

たとえば進路相談において、「ミュージシャンになりたい」と言う大学生に対して、経験や

蟹穴主義

身の丈に合った穴を掘るべき。

資質を問わずに「自分のやりたいことをやりなさい。じゃあ、君、頑張って」と私が適当に言うのは、その親御さんに対しても無責任です。親御さんは、ミュージシャンにさせるために大学に行かせたのではないでしょうから。

一般の親が子どもに対して願っているのは、大学に行って自分の得意分野を見つけ、社会のなかでその力を発揮できる、経済的条件のいい会社に就職してほしいというものです。

栄一は、「とにかくチャレンジしてみよう」「夢を追いかけ続けよう」などとは言いません。〈渋沢の分を守る〉という言い方をしていますが、これは蟹のように自分に見合った穴を掘るということです。

スターだけでは映画はつくれない

「分を守る」という表現は消極的に感じられる

ためか、「夢を追いかけろ」という言い方のほうが好まれます。

「分を守る」と「夢を追いかける」は正反対です。しかし**一人ひとりが、それぞれのスケールや特性に合わせた働き場所を得ることができれば、それはとても満足度が高いこと**ではないでしょうか。

仮に願いかなって、一見華やかな仕事に就けたとしても、その仕事が身の丈に合っていなければ、相当なストレスと自信喪失、みじめな思いを味わうことになるはずです。

たとえばサッカーでは、試合に出場してプレーする選手が一番華やかですが、試合を行うには道具を用意する人も必要です。マネジメントする人もいなくてはなりません。それと同じように、さまざまな人がいろいろな仕事をして、この世界は成り立っています。

映画でもテレビドラマでも、照明係や音声係がいなければ困ります。

高倉健さんは、いろいろな仕事をする人がいて、この世の中が成り立っていることを、とてもよくわかっていらっしゃったようです。

「照明さんや音声さん、そういう人がいてくれるから映画が撮れるんだ」という思いをもち、裏方と呼ばれる人たちによく声をかけられていたそうです。

みんながいるから、チームとして成り立つのだと思えば、「分を守る」という言葉を積極的な意味合いでとらえることができます。すると、自分がやれることをきちんとやることの重要性が理解できるでしょう。

自分を知る

栄一の場合は、分を守るといっても、実際に

「分を守る」「自分を知る」とは？

経済界でスケールの大きな仕事をしていたわけですから、「スケールを小さくしろ」と言ったのではなく、自分を知って行動するという意味で語っています。

兵書の『孫子』にも、〈彼を知り己を知れば百戦殆《あや》うからず〉という言葉があります。相手方を知って、自分のこともわかっていれば、百戦やっても殆うくない。「殆うくならないように自分を知れ」という意味です。

夢を追いかけているうちに、大切な20代を失ってしまって、それから初めて就職しようとしても、漠然と20代を過ごしてきた人を採用しようという企業は多くないでしょう。中途採用する場合には、同じ業界で成果をあげている人を採用するものです。

人生を有意義に過ごすためにも、自分を知ることが重要なのです。

利益をあげながら精神の向上を進める

私は常に精神の向上を、富と共に進めることが必要であると信じておる。

——第2章 立志と学問［現在に働け］

困難に出会って人格を練る

「立志」——志を立てることを、渋沢栄一は非常に大事にします。『論語』には〈吾《われ》十有五にして学に志す〉という言葉があります。孔子が学問で生きていくと決めたのは15歳のとき。そして〈三十にして立つ〉と言います。志を立てた15歳を出発点として、30歳で自立をする。その間に精神の向上を目指すのです。

栄一は**富とともに精神を向上させていくことが大事**だと言います。ビジネスに成功して利益をあげるだけではなく、さまざまな困難に出会うなかで、自分自身の人格を練っていかなくてはいけないということです。

経済界で成功する人のタイプにはさまざまあります。最新の技術で画期的な製品をつくる人、ベンチャーを起業して新しい市場を創造する人。

その一方で、1つの成功をバネにつねに法律ぎりぎりを攻め続ける人、あるいは大企業を経営しながら、法人税は1円も納めたくないという人もいます。成長企業や大企業が税金を払いたくないというのでは、国が成り立ちません。

法人税の負担率を見れば、その企業の公共心の高さがわかる

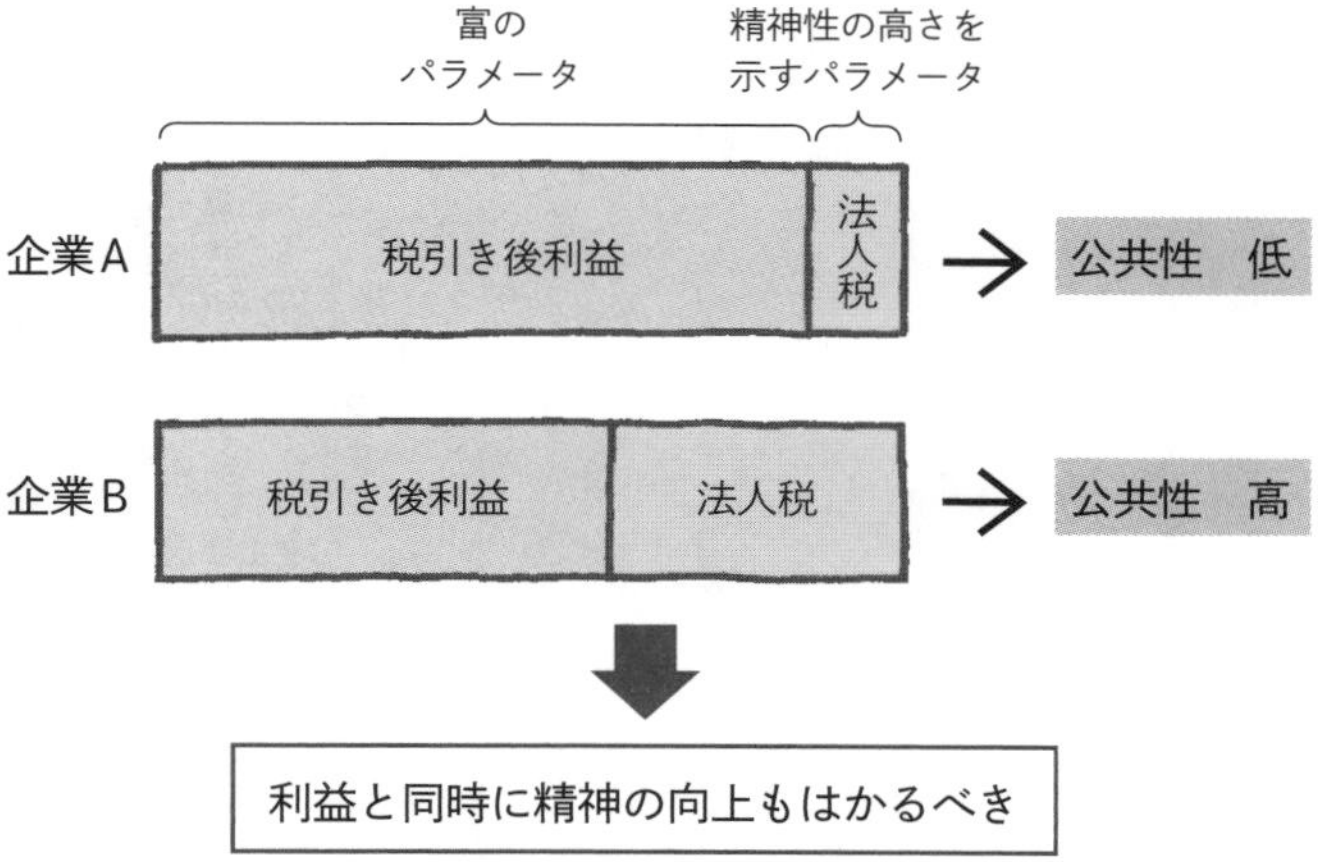

企業に公共心を求める

栄一には、正しく税を納めて、経済を活性化させ、国家を支えていかなければならないという強い意識がありました。

経済界の人間でありながら、その活動は国家を支えることを大前提としていました。自分1人がお金持ちになろうなどという考えは毛頭ありません。栄一の言う「精神の向上」は「公共心」と置き換えられます。

現代の経営者に、どれだけ世のため人のためという考えがあるのか、それは**納めている法人税の額や負担率を見るとわかる**かもしれません。

公共のために正しく活動しているのか、そうでないのか、それが栄一の生き方において最も重要な指標でした。

与えられた仕事は全生命をかけてやる

与えられた仕事にその時の全生命をかけて真面目にやりえぬ者は、いわゆる功名利達の運を開くことはできない。

——第2章　立志と学問［自ら箸を取れ］

仕事が重いとか軽いとか言うな

渋沢栄一は「全生命をかけて、与えられた仕事を真面目にやらない人は、道を開くことはできない」と言っています。

昭和恐慌のときに大蔵大臣として辣腕《らつわん》をふるった高橋是清《たかはしこれきよ》もこう言っています。

「自分の与えられた仕事が重いとか軽いとか言う前に、与えられたものは一生懸命やれ」

任された仕事が重いからできないとか、軽いからやる気がしないなどと言う人がいます。任務が重すぎて自分の力量ではこなせないことを「力不足」、力量があるのに仕事が軽いことを「役不足」と言いますが、そういうことは関係ないのです。

栄一は、**与えられた仕事を全生命をかけて真面目にやらない人は、運を開けない**と語るのですが、その真意は何でしょうか？

運は上司がもたらす

与えられた仕事を全生命をかけてやれば、そ

どんな仕事もやり抜くことで運が開ける

あなたがサボった仕事はどっち？
おもしろい仕事
つまらない仕事

の姿勢が評価されます。

1つの仕事を任せて、その仕事に全力であたってやり終えると、次にもう少し荷の重い仕事を任せてみる。そのようにして上司は部下を育てていきます。

「自分にはこの仕事は向いていない」とか、「この仕事はつまらない」と言っている人には、上司は大事な仕事を任せようという気にはなりません。すると、その人はいつになっても運を開くことができません。

ビジネスにおける運というのは、基本的には上司がもたらすものです。上司が次の仕事のステップを開いてくれるわけだから、仕事ぶりをとおして信頼されなくては運は開けません。

あなたの仕事ぶりはつねに上司から見られているのです。

『論語と算盤』の教え 9

大きな志と小さな志を調和させる

つまり大なる立志と小さい立志と矛盾するようなことがあってはならぬ。この両者は常に調和し一致するを要するものである。

——第2章　立志と学問［大立志と小立志との調和］

大志と小志が矛盾していないか

志を立てることを大事にする渋沢栄一は、志を大きなものと小さなものに分けて、「大きな志と小さい志が調和するのがいい」と言います。

人生という建築があるとすれば、**大きな立志は建物であり、小さい立志がその基礎にある。**そうした骨組みが重要です。

志を立てるときには、大きなものと小さいものを図に描いてみることをおすすめします。

メジャーリーガーの大谷《おおたに》翔平《しょうへい》選手がいた花巻東高の野球部で採用していたやり方に、9×9のマス目を使った、マンダラチャートなどと呼ばれる目標達成シートがあります（左ページ図参照）。

大谷選手は高校時代、真ん中に「ドラ1 8球団」という大きな目標を書き、それを具体的に叶えるために必要なこと「スピード160km／h」「コントロール」「変化球」「メンタル」「人間性」「運」といった要素（小さな志）を書

大谷選手が高校生時代につくっていたマンダラチャート

体のケア	サプリメントをのむ	FSQ 90kg	インステップ改善	体幹強化	軸をぶらさない	角度をつける	上からボールをたたく	リストの強化
柔軟性	体づくり	RSQ 130kg	リリースポイントの安定感	コントロール	不安をなくす	力まない	キレ	下半身主導
スタミナ	可動域	食事 夜7杯 朝3杯	下肢の強化	体を開かない	メンタルコントロールをする	ボールを前でリリース	回転数アップ	可動域
はっきりとした目標、目的をもつ	一喜一憂しない	頭は冷静に心は熱く	体づくり	コントロール	キレ	軸でまわる	下肢の強化	体重増加
ピンチに強い	メンタル	雰囲気に流されない	メンタル	ドラ1 8球団	スピード160km/h	体幹強化	スピード160km/h	肩回りの強化
波をつくらない	勝利への執念	仲間を思いやる心	人間性	運	変化球	可動域	ライナーキャッチボール	ピッチングを増やす
感性	愛される人間	計画性	あいさつ	ゴミ拾い	部屋そうじ	カウントボールを増やす	フォーク完成	スライダーのキレ
思いやり	人間性	感謝	道具を大切に使う	運	審判さんへの態度	遅く落差のあるカーブ	変化球	左打者への決め球
礼儀	信頼される人間	継続力	プラス思考	応援される人間になる	本を読む	ストレートと同じフォームで投げる	ストライクからボールに投げるコントロール	奥行きをイメージ

大きな志　小さな志　もっと小さな志

それぞれの志がつながっている。

き、さらにそれらを叶えるための具体的な方策を盛り込みました。

こうした目標を立てる際は、大谷選手のように大きな志と小さな志が矛盾していないか、大きな志を実現するための小さな志がきちんとつながっているかを確認します。

そして、小さな志をコツコツと達成していくことで、やがて大きな志に到達するようになります。

優先的にやるべきこと

ドストエフスキーの『罪と罰』の主人公ラスコーリニコフという青年は、自分は能力が高いのに評価されていないという不満をもっていました。

そして、ナポレオンのような天才であれば多くの人を殺そうとも「英雄」と評価されたように、自分も大きな正義のためなら何をしてもいいのだという考えから、金貸しの老婆を殺してしまいます。

自分がやろうとしている大きなことに比べれば老婆を殺すなど小さなことで、それは許されるというおかしな論理をつくったわけです。ラスコーリニコフは罪の意識に苛《さいな》まれた人生を送ります。目的のためには手段を選ばないというやり方は、もちろん間違っています。これでは大志は果たせません。

小さな志を一つひとつ、大きな志につながるように地道に行動しなければなりません。それによって、**今やるべき優先順位も見えてきます**。

みなさんも大きな志と小さな志を書き出してみてください。その大きさの異なる2つの志の調和はとれているでしょうか？

大きな志につながるように小さな志を積み重ねる

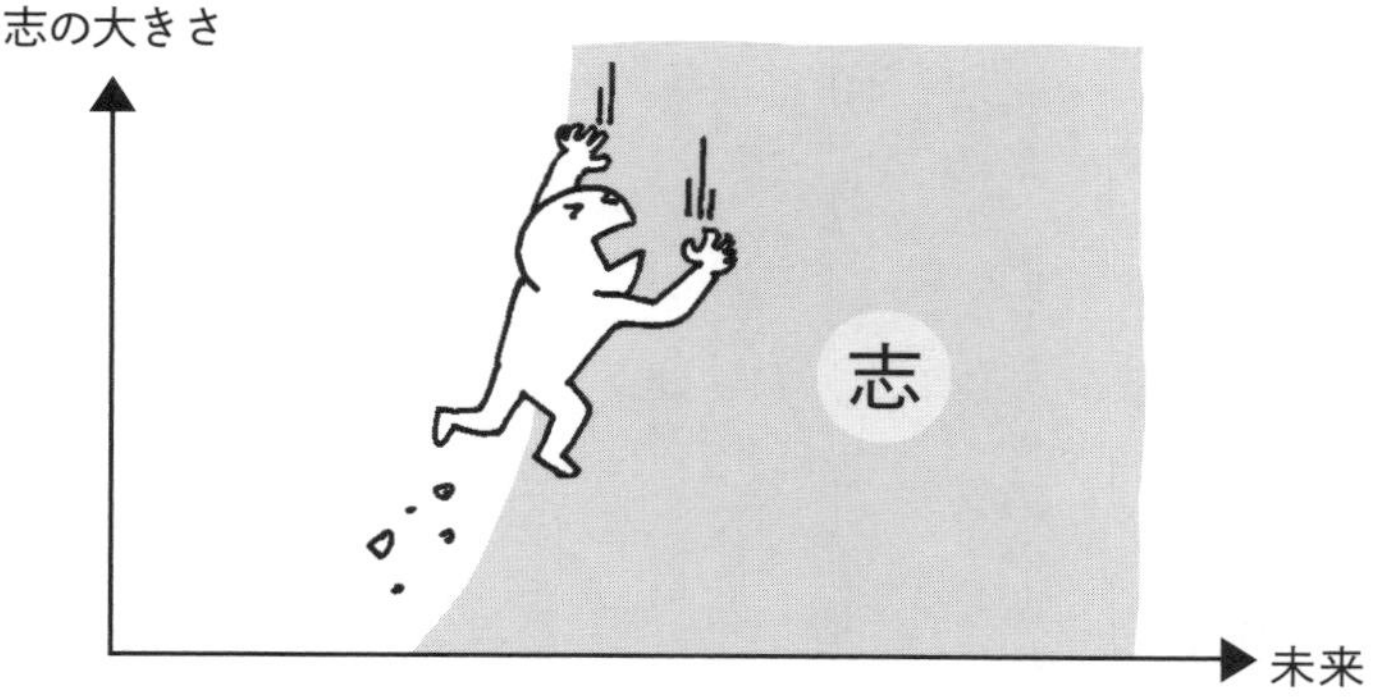

いきなり大きな志を目指すのは
難しく、大きな犠牲をはらうことに。

『論語と算盤』の教え 10

常識とは知・情・意のバランスがとれた状態

意志の強固《きょうこ》なるが上に聡明なる智恵を加味し、これを調節するに情愛をもってし、この三者を適度に調合したものを大きく発達せしめていったのが、始めて完全なる常識となるのである。

――第3章　常識と習慣［常識とは如何なるものか］

知・情・意のバランス

「常識をもて」「常識人であれ」とは誰でも言うことですが、渋沢栄一の常識のとらえ方はなかなか壮大です。

「意志と知恵と情愛を適度に調合したものを、大きく発達させたものが完全なる常識である」と栄一は言います。

まず意志を堅固にし、そのうえで聡明《そうめい》なる知恵をもち、それに情愛をプラスする。言葉を換えていえば「知・情・意」です。「知」は知性や判断力。「情」は人に対する思いやり。「意」はこれをやり遂げるのだという意志です。これら知・情・意がバランスよく発達している人が常識のある人間ということです。

通常、「常識のある人間とはどんな人か？」と聞かれると、「世の中のルールとか、ふつうの考え方を知っている人のことではないですか」と答えるかもしれませんが、栄一は、**常識を知・情・意という言葉で表現し、これら3つのバランスが大切だ**と説いています。

バランスが欠けた人

では、知・情・意のバランスが悪いのはどんな状態でしょうか。

栄一の「常識」

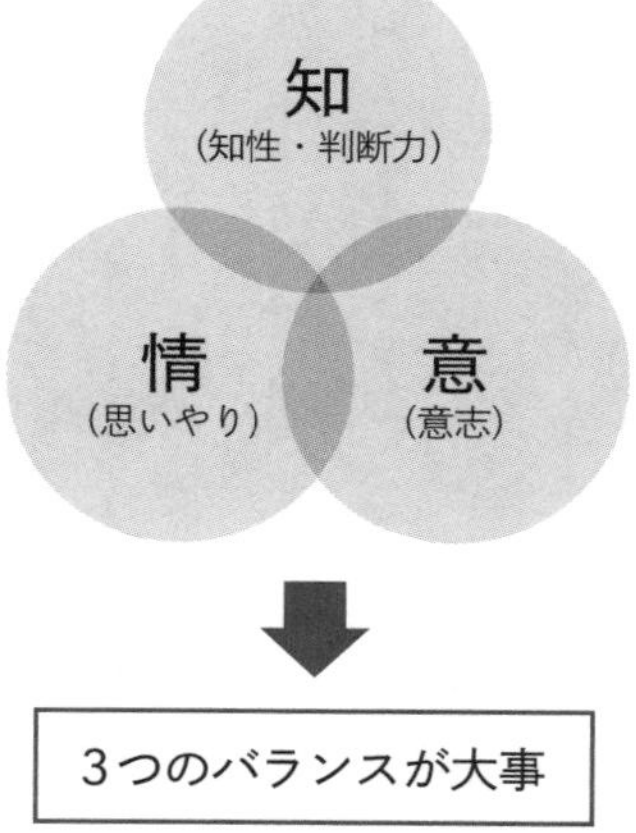

知識があって頭の回転も非常にいい。だけれども人の気持ちがわからず、思いやりがまったくない。そんな人がいます。

これは、知は発達しているが、情が欠けている状態で、バランスが悪い。そんな人は、人を人とも思わず、自分勝手なことをしてしまいます。

知に優れて判断力をもち、情愛もあるけれども、意志が弱い。「あの人は頭がよくて、いい人なんだけど、意志が弱いから続かないんだよね」と言われる人です。

知が欠けるケースもあります。情愛があって人に優しく、強い志ももち、いい人だけど、判断力がない。「あの人、いい人でやる気もあるけど、なかなか伝えたことを理解してくれなくてね」と言われる人は、知が足りないということになります。

論語では知・仁・勇

人格を知・情・意の3つの面でとらえ、これらがバランスよく揃《そろ》っていればおおよそ大丈夫ということになります。

なんらかの問題がある人は、知・情・意のどれかが不足しているということです。

この知・情・意は西洋でも人間性の基本だとされているもので、『論語』では「知・仁・勇」という言葉で表現されています。

〈知者は惑わず、仁者は憂えず、勇者は懼《おそ》れず〉

孔子は、「知・仁・勇を人間性の柱にせよ」と言っています。「知」は、知・情・意の知と同じく聡明な智慧《ちえ》。「仁」は思いやり、優しさですから、情愛に当たります。「勇」は、勇気、行動力ですから意志です。

体に手を当ててチェックする

果たして自分はどうか。知・情・意あるいは知・仁・勇がバランスよく発達しているか。それをチェックする方法があります。

私は、**3つの言葉を体に当てはめて、その部位に手を当てて確認します。**

まず、「知」と言いながら、手の平をおでこ（前頭葉）に当てます。自分の判断は間違っていないかチェックします。

次に「情（仁）」と言いながら、胸（心臓）に手を当てて、自分は他の人に対する思いやりを忘れてはいないかとチェックする。

そして最後に「意（勇）」。おへその下の臍下《せいか》丹田《たんでん》という場所に手を当ててチェックします。自分はちゃんと強い意志をもっているか、勇気や行動力があるかを確認します。

物事がうまくいっていないときは、判断が間違っているか、誠実さが足りないか、勇気、行動力、意志の力が足りないか、いずれかの状況にあります。

それを体の3カ所でチェックすることを私は提唱しています。知・情・意、あるいは知・仁・勇という言葉のイメージだけだとなかなか、自分でチェックしづらいものです。ところが、おでことか胸とかへその下という場所に手を当てて考えると、自分に何が足りないかが実感できるようになります。

「胸に手を当ててよく考えてみろ」と言われるように、こうして動作を加えて自分を確認するのは、人間にとってとても自然な行動なのです。

知・情(仁)・意(勇)の確認方法

「できない人」を「できる人」に導く

しかし、悪人必ずしも悪に終わるものでなく、善人必ずしも善を遂げるものとも限らぬから、悪人を悪人として憎まず、できるものならその人を善に導いてやりたいと考え、最初より悪人たることを知りつつ、世話してやることもある。

——第3章　常識と習慣「悪《にく》んでその美を知れ」

頼まれれば断らない

渋沢栄一は、生涯に500に近い数の会社の設立に関与したため、人から相談を受けたり物事を頼まれたりする機会も多くありました。

通常なら、栄一のような大きな仕事をしている人は、頼まれたからといっていちいち人に会うことはしません。ところが、**彼は頼まれれば断らずに面会したのです。それを自ら「門戸開放主義」と言っています。**

その主義につけ込んで、無理なことを言ってきたり、「お金を貸してくれ」と頼んだりする人もいたのですが、それでも面会を断りませんでした。並大抵のことではありません。

今の時代、「なんでも相談に乗るよ」と言いながらも、よく知らない人から「お金を貸してくれ」なんて言われたら困ります。

私は大学の構内で知らない人から、突然「先生にお金を貸していただきたい」と言われたことがあります。中年女性だったので学生ではないと思いますが、理由を聞くと、「フリーメーソンに追われている」と言います。これには驚きました。ところが、栄一はお金を無心する人の話も拒絶せずに聞きました。

門戸開放主義

送られてきた手紙も門戸開放主義で、すべて目を通して面会したそうです。

「悪人が必ずしも悪人に終わるとはかぎらない。だったら善に導いてやりたい」という考え方で、評判の悪い人からの相談も聞きました。栄一はじつに器の大きい人でした。

器の大きな人だけがなせる業

『レ・ミゼラブル』というヴィクトル・ユーゴーの小説があります。そのなかにこんな有名な場面があります。

主人公のジャン・ヴァルジャンがある教会で司祭の銀の燭台《しょくだい》を盗んで、警察に捕まります。警官が「これを盗んだだろう」とジャン・ヴァルジャンに問うと、司祭が「いや、これはこの人にあげたものです」と言います。ジャン・ヴァルジャンが盗んだことは、司祭も当然知っているのですが、手を差し伸べます。**悪人が悪人で終わるとはかぎらないという考え方**です。栄一も同じでした。

しかし、こうした行いにはリスクが伴います。評判の悪い人に力を貸すと、その人がつけ込んできてろくなことにならないと考えるのがふつうです。

お金を貸した人間に「返してくれ」と言ったら、逆恨みされて殺されたというケースもありますから、これをそのまま実践するというのはいいやり方ではないかもしれません。栄一のような器の大きい人だけがなせる業なのでしょう。

「悪人」をよい方向に導く

「悪人」を読み換えて「能力の低い人」ととらえてみましょう。

どんな会社にも能力の高い人と低い人がいます。新入社員のなかには「即戦力だな」という人もいれば、「同じ年齢なのに、どうしてこんなにできないんだろう」という人もいます。

そのとき、悪人が悪人のままで終わるとはかぎらないと考えてみましょう。**1年目には「できない人」と思った人が、3年、4年たつうちにいい仕事をするようになるケースがあります。**私自身、そういう卒業生をたくさん見てきました。

「この子は大丈夫かな。会社でうまくやれるかな」と思っていた卒業生が、5年後、10年後に会うと立派な社会人になっているのです。

「立派になったなあ。学生時代はうまく周りとコミュニケーションがとれなかったようだけど、こんなに成長するんだな」と感心するほどです。

初めの印象で「この新人は駄目だ」と決めつけるのではなくて、可能性があるはずだと考えて「仕事を一つひとつこなしていってごらん」と手助けするうちに、3年たったらすっかり立派になっていたというのは、20代ではとくによくあることです。

孔子は、〈年四十にして悪《にく》まるるは、其《そ》れ終わらんのみ〉と言っています。40歳になっても評判が悪く憎まれるようだったら、それは救い難いというわけですが、若い人に対しては、門戸開放主義で接するべきです。

評価が大きく変わるほど人は成長できる

大丈夫かなあ……
せ、先生……あの……その……
5年後
同一人物!?
今度課長に昇進しました!
ビシッ

常識のある人が多ければ多いほどいい社会だ

もちろん、偉い人の輩出を希望するのであるけれども、社会の多数人に対する希望としては、むしろ完《まった》き人の世に隈《くま》なく充《み》たんことを欲する。つまり、常識の人の多からんことを要望する次第である。

――第3章　常識と習慣「偉き人と完き人」

エリート教育は評判が悪い

渋沢栄一は、「偉い人」と「完《まった》き人」を対比して語ります。完き人とは常識のある人のことです。前述した知・情・意の備わった人です。

「偉い人を輩出するのも大事なことだが、常識のある人が多い社会が望ましい」と言います。まさに現代の日本は栄一が願った社会になったように思います。

日本では、一握りの天才をつくるエリート教育は反対され、みんなにある程度の力が身につく教育がいいとされます。

数年前に文部科学省の有識者会議で、教員育成を目的とした国立の筑波大学、東京学芸大学の付属校が、毎年東大合格者を多数輩出していることが問題視されました。国民の税金を使って本来の目的とは異なるエリート教育を行うのは正しくないという論調です。

多くの日本人も、税金は「一部のエリート」

よりも「多くの常識の人」を育てることに使うべきと考えているのではないでしょうか。

生来優秀な人が存分に力を発揮することも必要かと思いますが、**知・情・意のバランスのとれた人がたくさんいるのがいい社会ではないかという栄一の考えは、いまの日本人にも支持されているようです。**

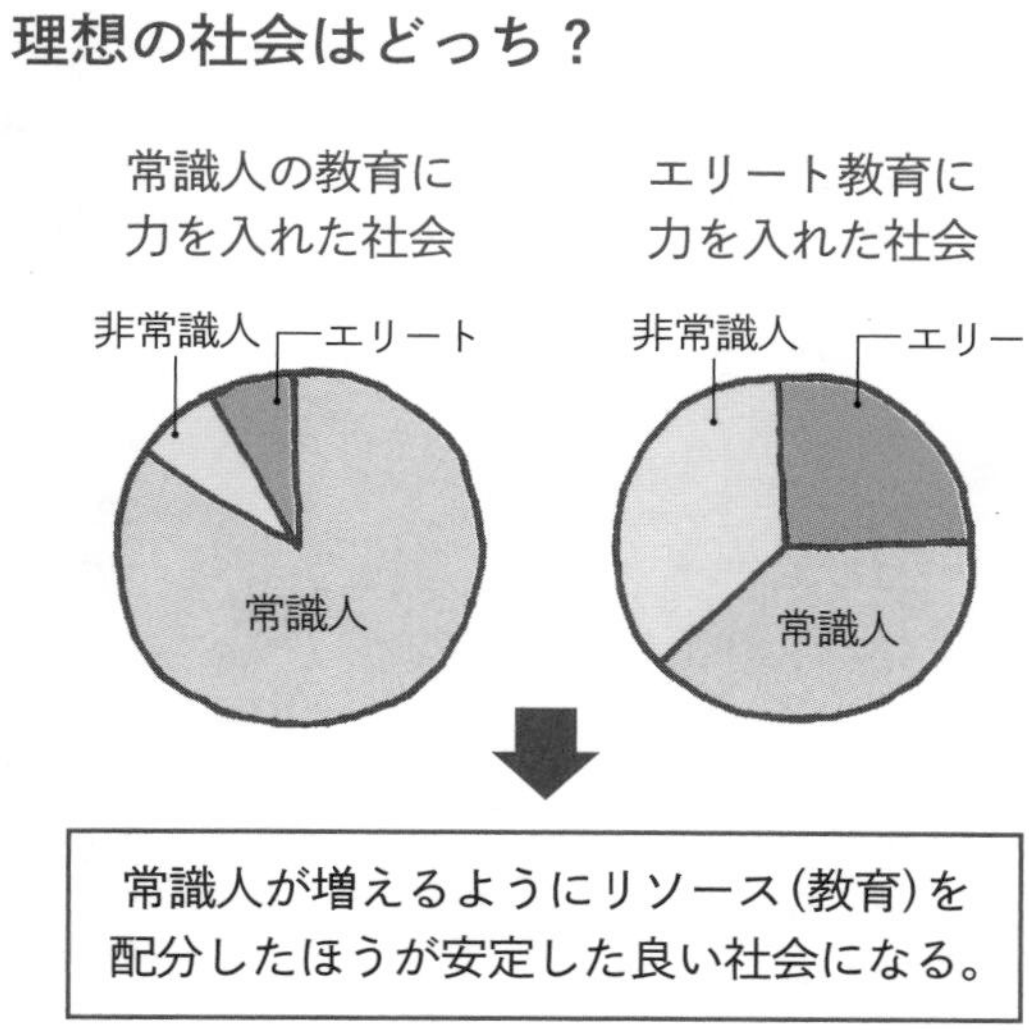
理想の社会はどっち？
常識人の教育に
力を入れた社会
エリート教育に
力を入れた社会
非常識人
エリート
常識人
非常識人
エリート
常識人
常識人が増えるようにリソース（教育）を
配分したほうが安定した良い社会になる。

安定感のある社会

喫茶店に行くと、「混んでいるので、先に席をお取りください」などと言われます。その間に荷物を盗まれないことが前提の言葉です。

2階席に荷物を置いて、1階のカウンターに並ぶこともあります。外国の人は、そうしたことに驚きます。電車で荷物を網棚に置いたまま寝ている人がいるのも信じられないと。なぜそんなことができるのかといえば、日本人の多くは常識を心得ていて、盗みをしないからです。

常識人で構成された社会は住みやすく安定します。そういう意味で、「常識人が多いほうがいい」と栄一は言っているわけです。

『論語と算盤』の教え 13

人の行為の善悪は志と所作の両方で見る

人の行為の善悪を判断するには、よくその志と所作の分量性質を参酌《さんしゃく》して考えねばならぬのである。

——第3章 常識と習慣［動機と結果］

志が所作に影響する

人の行動の善悪はどのように判断すればよいのか——渋沢栄一は「人の行いの善し悪しを判断するには、志と所作をよく見なくてはいけない」と言います。さらに仕事については、「**いかに所作が巧みでも、誠意のない人とは一緒に仕事ができない**」と言っています。立ち回りがうまいだけで本当の志がない人とは、一緒には仕事をしたくないという意味です。

志とは心の中の思い、それが表れたのが所作。志は動機、所作は結果に置き換えられます。4象限で見ると2つの関係がよくわかります（左ページ図参照）。

自分自身、あるいはあなたのまわりにいる人はどこにいるか、ぜひ考えてみてください。

センスがあるのに活躍できない

志（動機）が所作（結果）に影響するのは、プロ野球の世界を見るとよくわかります。

プロの球団に入る選手はみんな素晴らしいセ

人を判断するための4象限

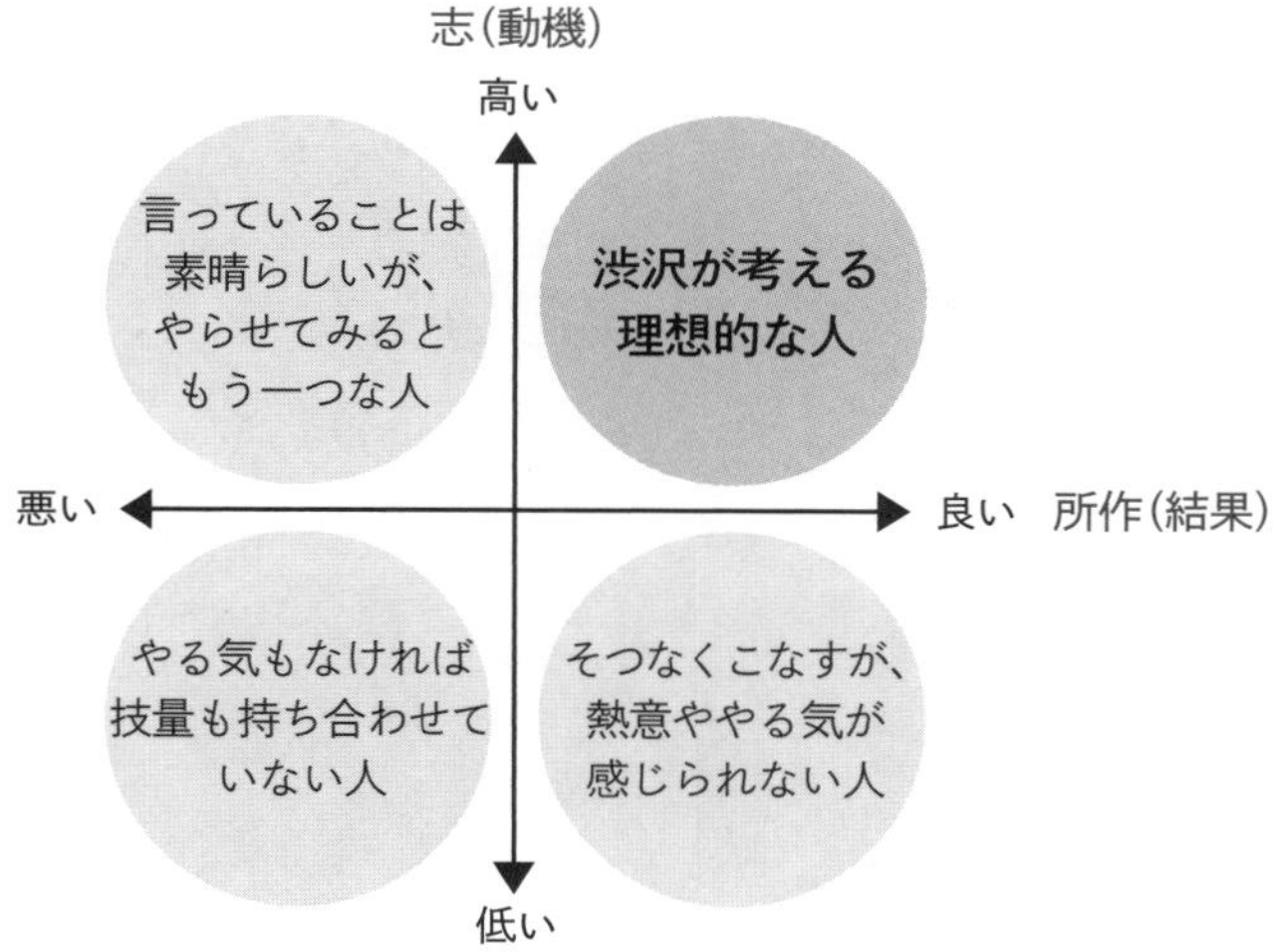
志(動機)
高い
言っていることは素晴らしいが、やらせてみるともう一つな人
渋沢が考える理想的な人
悪い
良い
所作(結果)
やる気もなければ技量も持ち合わせていない人
そつなくこなすが、熱意ややる気が感じられない人
低い

ンスがあるわけですが、活躍できずに終わってしまう人も多くいます。

同じようなセンスをもちながら、活躍できる選手とできない選手に分かれるのはなぜか。

一軍の試合に出て活躍する選手は「なんとしてでも成功してやる」という強い気持ちをもっています。**同じような素質をもちながら、動機によって大きく結果が異なる**のです。

親孝行の選手は成功しやすいといわれますが、たとえば母子家庭で育った選手は、「苦労をかけた母親のために」という動機づけが強いため、結果も出てくるのです。

3歳で父親を亡くし、貧しい家庭で育った野村克也さんがそうでした。高校まではまったくの無名でしたが、プロに入って努力を重ねて大成しました。人並みのやる気では、激しい競争の世界ではやっていけません。

仁義道徳を見失った会社は成長しない

真正の利殖は仁義道徳に基づかなければ、決して永続するものでないと私は考える。

――第4章　仁義と富貴［真正の利殖法］

仁義道徳に欠ける会社

事業について、渋沢栄一は「仁義道徳に基づかないとうまくいかない」として、利益をあげ続けるには仁義道徳が大事だと説きます。

時々新しい企業がグンと伸びて、その後成長が止まる、あるいは衰退してしまうケースがあります。その場合は、**企業活動に仁義道徳が欠けた面があったのかもしれません。**

粉飾決算をして利益があがったように見せる会社もありますが、これは仁義道徳以前に法律さえ犯しているのだから、話になりません。法律を守ったうえで仁義道徳があります。

世間を騒がせた経営者や政治家が、「法律には抵触していない」と強弁することがありますが、栄一は納得しないでしょう。

「法律では賄賂《わいろ》に当たらないかもしれない。でも仁義道徳の観点からすると、それをやるのは正しくない」と考えるはずです。

裁判で争えば勝つという算段以前に、争う事態に至らないようにしなくてはいけません。

SNSが企業のマナーを問う

仁義道徳が試されるグレーゾーンに世間の目は厳しい

現代は仁義道徳が忘れられた時代のように思われますが、そうでもない面もあります。

インターネットが発達して、ＳＮＳが盛んになると、マナーが悪い、あるいは企業として誠意がないことも世間にすぐに知れ渡ってしまいます。あらゆる消費者が企業やその社員の行いを監視し、問題を感じればそれをＳＮＳで発信します。不寛容な社会ともいえますが、一方で、**現代は高い仁義道徳レベルが要求されるようになってきた**といえます。

法律に違反していなくても、人の迷惑を顧みないような行為、良識を疑うような行為に対しても、厳しい目が注がれるようになっていて、少しでも瑕疵《かし》が見つかると批判されます。無理に利益をあげるため、あるいは節税のためにグレーゾーンにまで手を突っ込んだ結果、世間の非難を浴びて活動が制限され、収入の途《みち》を失うこともあります。

時に著名な政治家、経営者、芸能人などの軽率な言動が批判され、罪に問われることもあります。しかし、仁義道徳にのっとって活動していれば、そもそも法律にも引っかかりません。

経営者の人格が問われる

栄一は、自分だけよければいい、国のことなどかまわないという考えを戒めます。

自分さえ儲かれば、国家に貢献しなくてもいいという考えがまかり通れば、大きな利益をあげた会社が、巧みに税金逃れをするようになります。

〈国家は健全に発達し、個人はおのおのそのよろしきを得て富んで行く〉と栄一は語りますが、簡単にいうと、**国家安定のもとに個人や企業はお金を儲けることができるのだから、きちんと国に税金を納めなくてはいけない。**国のシステムや法律の抜け穴ばかり探して自己の利益を追求していくやり方では、その会社の在り方と経営者の人格が問われるということです。

国が富むから自分も富む

栄一は、幕末に黒船がやって来て日本が侵略されるかもしれないという時代を生きていました。中国がアヘン戦争後に西洋列強に蹂躙《じゅうりん》されたころも知っています。そのなかで不平等条約を改正し、富国強兵しなければ日本は侵略されるという危機感もあり、富国のために栄一は懸命に働きました。

近現代において、日本の最大の国難は第二次大戦後にやってきました。多くの命が奪われ、焦土と化した国で、生き残った人たちは再興のために力を尽くしました。そんな彼らなら、海

一部が富を独占することで国家の土台がゆらぐ

外へ税金逃れしようなどとはつゆほども思わないはずです。

しかしその後、経済が発展、そして停滞していく中で、富国よりも私利私欲を優先する者が現れた。栄一はそれを嘆くでしょう。

国が富んでいるから自分も富むことができるのだという考え方を、つねに根本にもたなければならないのです。

仕事を趣味として取り組む

何事でも自己の掌《つかさど》ることに深い趣味をもって尽《つく》しさえすれば、自分の思う通りにすべてが行かぬまでも、心から生ずる理想、もしくは慾望《よくぼう》のある一部に適合し得らるるものと思う。

――第5章　理想と迷信［この熱誠を要す］

仕事を趣味にする

趣味として物事に対することを渋沢栄一は推奨します。好きなことに興ずるという意味ではなく、「仕事を趣味にする」というときの趣味です。あらゆる物事に趣味として取り組むのがいいというわけです。

『論語』には、学問について〈これを知る者はこれを好む者に如《し》かず。これを好む者はこれを楽しむ者に如かず〉という言葉があります。

「学びには『知る』『好む』『楽しむ』の3段階があり、『知っている人』より『好きな人』が勝《まさ》っており、『好きな人』より『楽しむ人』が勝っている」という意味です。

たとえば、あるミュージシャンのファンの階層について考えてみましょう。まず、①「あの歌知っている」、次に②「あの歌いいね」「あの歌手いいよね」、さらに③ライブに行って会場で飛んだり跳ねたりして楽しむ、という段階があります。この3段階がそれぞれ「知・好・楽」であり、「楽」の境地が趣味です。

「仕事が趣味になる」とは？

知
いただきます！
好
料理っておもしろい
楽
新作メニューに挑戦だ！
仕事＝趣味

仕事が楽しくなる秘訣

宮沢賢治の『生徒諸君に寄せる』という詩にこうあります。

〈この四ケ年が／わたくしにどんなに楽しかったか／わたくしは毎日を／鳥のやうに教室でうたってくらした／誓って云《い》ふが／わたくしはこの仕事で／疲れをおぼえたことはない〉

花巻農学校で教えた日々を追想して、「自分は仕事で疲れない。なぜなら、教室では鳥のように歌って暮らしたからだ」と言います。賢治は教えることが趣味だったのです。

「こうやったらもっと楽しくなる」「こうしたらもっと自分の思ったとおりになる」、そういう思いで取り組んでいる人は仕事が楽しくなります。

趣味として物事に取り組めば、「こうしてみたい」という理想に近づくことができます。

『論語と算盤』の教え16

道徳心をもって時代の変化に対する

今日理化学がいかに進歩して、物質的の知識が増進して行くにもせよ、仁義とか言うものは、独り東洋人がさように観念しておる許《ばか》りではなく、西洋でも数千年前からの学者、もしくは聖賢《せいけん》とも称すべき人々の所論が、余《あま》り変化をしておらぬように見える。

――第5章　理想と迷信［道徳は進化すべきか］

シンギュラリティと不変の道徳

幕末にヨーロッパを見聞した渋沢栄一は科学技術が進んだ社会を見て大いに驚きました。その後、その技術は明治の日本に導入され、社会を変革しました。その進歩の加速度にはすさまじいものがあります。

アメリカの未来学者レイ・カーツワイルは、2045年にシンギュラリティ（技術的な特異点）が起こり、AI（人工知能）が人間の脳を超えると予測しています。そして世界中のスーパーコンピュータの能力を合わせたものが個人の手に入るようになるというのです。

技術の進歩は指数関数的で、1、2、3……と順を追わず2が4になる倍々ゲームです。かつてヒトゲノムの解読には100年ぐらいかかるだろうと予測されていましたが、カーツワイルは「倍々ゲームで進むから7年ぐらいで解読される」と言い、実際にそのとおりになり

進化する科学と不変の道徳

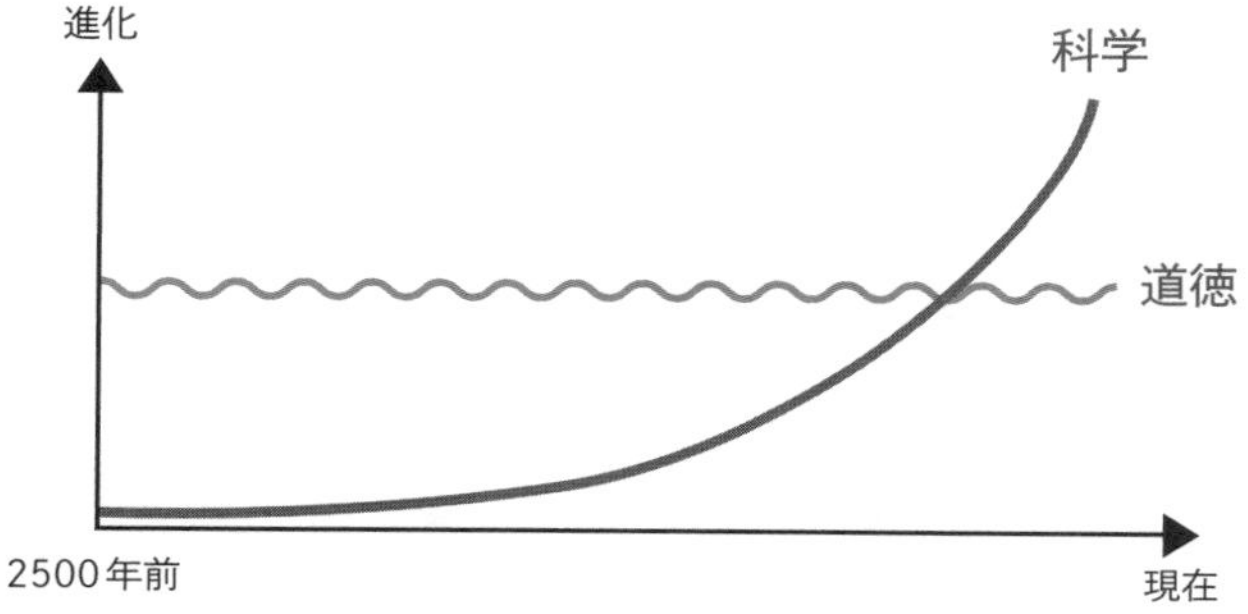

科学を暴走させないためのリテラシーが必要。

そのために数千年変わらない道徳を
しっかり学ばなければならない。

ました。科学技術は、栄一の時代には想像できなかったほど著しく進歩し続けています。

一方で、道徳に関しては大して進歩していません。東洋でも西洋でも、聖賢《せいけん》（聖人と賢人）の言うことは昔から変わっていません。科学技術は更新されていくため、どんどん進化してみんなが使えるようになりますが、道徳はそのようには身につかないのです。

仁義道徳はすべての人間が生まれたあとに個々に学び始めるので、いつもゼロからのスタートです。80歳のおじいさんやおばあさんが到達した人間性を0歳児がもって生まれることはありません。

2500年以上前に仏陀《ぶっだ》や孔子が言ったことを身につけて実践することは、今も容易ではありません。**進化し続けている科学技術を扱う当人が仁義道徳を身につけていないことに、栄一は警鐘を鳴らします。**

時代の洗礼を受けて残ってきたもの、積み重ねられてきた道徳を大切にしなければ、芯になる柱がない人間、不安定な人間になってしまい、科学を扱いきれなくなります。

AIが人の仕事を奪う

ＡＩが判断力を担当するようになれば、人間の仕事が奪われてしまいます。

かつて産業革命によって工場に機械が導入され、ブルーカラーの仕事が奪われました。それは、機械を打ち壊すラッダイト運動を引き起こしましたが、これからはＡＩによってホワイトカラーの仕事が奪われていきます。

たとえば、弁護士の高度な仕事も、ＡＩを使えば瞬間的に判断できるようになるといわれます。案件をコンピュータに打ち込むと、「こんなアプローチが可能です」とすぐに判断が出る。弁護士の仕事が減っていきます。

ディープラーニングが可能になったＡＩが科学技術を操作するようになると、このように人間から労働が奪われていきます。そんな時代に私たちはどうすれば充実した仕事をすることができるのでしょう。

「道徳心」と「学ぶ習慣」をもつ

ＡＩが対応できないクリエイティブな能力が必要な仕事も多いと言う人がいますが、その能力こそＡＩが得意だと言う人もいます。

実際に将棋でも囲碁でも、もう人間はＡＩに勝てません。将棋や囲碁の次の一手はクリエイティブです。ＡＩは学習能力がすさまじく

道徳あっての科学

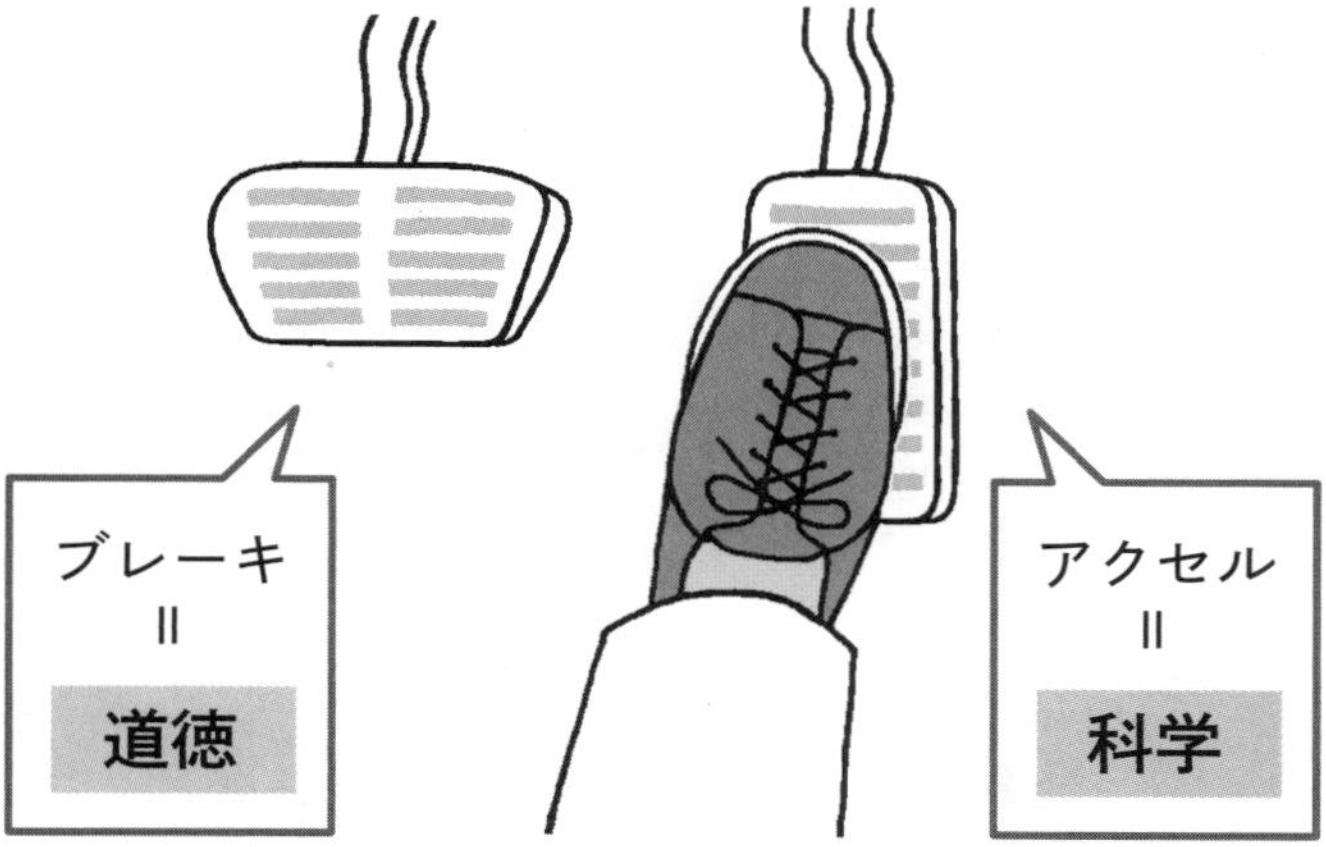

高く、人間は棋譜《きふ》の研究に時間をかけますが、ＡＩは瞬時に学習してしまいます。

そういう時代に生きているなかで、何を柱にしていくか。それは、人としてこれを間違ってはいけないという当たり前の道徳心を全員がもつことです。それができれば落ち着いて世界を維持していくことができます。

数千年変わらない道徳心は、ＡＩの時代になっても変わらないでしょう。たとえば、社員を採用するときも、道徳心のある社員は会社を裏切ることもしないし、法律違反もしない。着服もしないだろうと考えるのは変わりません。

どんなに時代が変わろうとも、道徳心の柱をもち、学習する意欲さえあれば、変化に対応できるのではないかと思います。

私たちは道徳心と学ぶ習慣の2つをもって対処すればいいのではないでしょうか。

迷信に振り回されるな

余は修験者《しゅげんじゃ》に向《む》い、「ただ今お聞きの通り、無縁仏の有無が明らかに知れるくらいの神様が、年号を知らぬという訳はないはずのことだ。こういう間違《まちがい》があるようでは、まるで信仰も何も出来るものじゃない。（中略）この見やすき年号すらも誤る程では、しょせん取るに足らぬものであろう」と詰問の矢を放った。

——第5章　理想と迷信［修験者の失敗］

■占いやまじないを信じない

渋沢栄一は理知的な人でしたが、少年時代から迷信などを嫌っていました。あるとき姉の病気を治すためにやってきた修験者（修験道の行者）に対して、その神のお告げの決定的な矛盾を指摘し、やりこめたこともあります。

迷信は現代でもかたちを変えて維持されています。「ＦＸで稼ごう」「仮想通貨は儲かる」という宣伝に乗せられてセミナーに行き、投資をして大損してしまう。それも修験道のようなものです。科学的根拠のない言葉を信じて投資するのは、迷信を信じるのと変わりません。

栄一は迷信に振り回されない理性を子どもの頃からもっていました。

福沢諭吉もそうでした。「神社のご神体を取り出して、そこらに転がっている石を詰め込んでおくと、みんなが石を拝んだ。これは滑稽《こっけい》だった」と『福翁自伝』に書いています。

渋沢、福沢の2人の「沢」が、占いやまじないを一切信じないという態度をもって、明治という新しい時代を開いていきました。

14歳頃の栄一少年がインチキを暴く

神なら50年前の年号を答えられるはず！
ぐぬぬ……

理性をもって事に当たれ

もちろん、人間には情も必要です。人の気持ちを理解し、情をかけるのは合理的な判断とは別のことです。栄一はそれを否定しません。ただ、理性をもって事に当たれということです。

経営者や政治家に占いに頼る人がいますが、その理由の1つには、孤独だからということがあるようです。いろいろな人に相談はできますが、最終的な決断は1人でやらなくてはならない。そのとき何かしら踏ん切りが必要なので、占いを力にするということでしょう。

いつの時代も、占いがなくなることはないのかもしれません。人間の心は揺らぐものだから、決断を促してくれるものがほしいのです。

ただ、**人をだますような理屈に合わない言説には乗らない**。それが基本です。

道具に振り回されるな

換言すれば、一国の設備がいかによく整っていても、これを処理する人の知識能力がそれに伴わなければ、真正なる文明国とはいわれない。

——第5章　理想と迷信［真正なる文明］

道具を使いこなす能力

文明国とはどんな国か——渋沢栄一は「設備が整っていても、それを処理する人の知識や能力が伴っていなければ文明国とはいえない」と言います。

たとえば新幹線といえば、私たちは時速300kmで走る流線型の車両をイメージしますが、本来はダイヤどおりに運行する人間の能力を含めたシステム全体のことを指します。

私の友人は、ある国に新幹線を導入するプロジェクトに参加していますが、日本のように簡単ではないようです。車両を持っていくことは簡単にできても、時間通りに事故なく運行するのは容易ではないと言います。

日本で列車が遅れるのは、列車の不具合や人身事故によるもので、人為的ミスはごくわずかです。訓練された鉄道員が、高いプロ意識をもって仕事をしているからです。**道具は、扱う人の能力が高くなければ使いこなせません。**

たとえば、スマホは便利な道具で処理能力も検索能力もすごい。しかし、延々とＳＮＳでおしゃべりをし、動画を見続けてネット中毒になると頭の働きが悪くなります。ツイッターでは、ウケ狙いで不適切な投稿をするユーザーを「バカッター」と揶揄しますが、道具が優れていても、使う人がダメでは話になりません。

急降下している日本の読解力

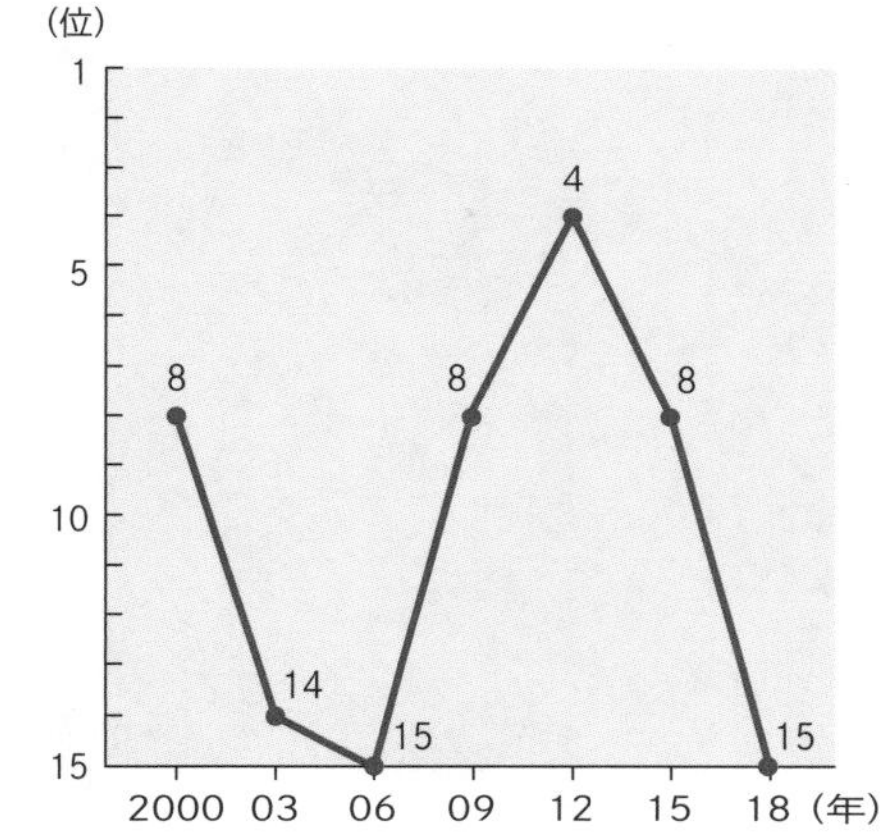

OECD「学習到達度調査」のデータを基に作成。

国力は国民の頭の中身で決まる

最近、電車の車内ではスマホを操作する人ばかりで、本を読む人をあまり見かけなくなりました。そんな光景を見て気になるのは、**日本人の読解力の低下**です。読書量と読解力は関連します。

ＯＥＣＤの世界79カ国・地域の15歳を対象に行った学習到達度調査で、日本の読解力は一時期は世界トップクラスでしたが、２０１８年には15位まで落ちました（上図参照）。大変な落ち方です。読解力とは文章を正確に読み取る力ですが、それが低下すれば、人の意見を正しく理解することもできなくなります。

「国民のレベルは、使っている道具を見てもわからない。頭の中身を見ないと、国力は判断できない」という栄一の言葉を、今一度噛みしめるべきではないでしょうか。

『論語と算盤』の教え 19

意志は鍛えることができる

とかく人心には変態を生じ勝ちのもので、常時は「かくあるべし」「かくすべし」と堅く決心していた者も、急転して知らず知らずにみずから自己の本心を誘惑し、平素の心事と全く別処に、これを誘うような結果をもたらすがごときは、常時における精神修養に欠くるところがあり、意志の鍛錬が足らぬより生ずることである。

――第6章 人格と修養［平生の心掛が大切］

意志を筋トレのように鍛える

渋沢栄一は、自分の天職は実業であると定めて以来、その信念が揺らがないようにしてきました。政府から「大臣をやってほしい」と頼まれても断ります。「自分の精神が揺らぐときは、精神修養が欠け、意志の鍛錬が足りないからだ」と言い、信念のブレを戒めます。

意志の鍛錬というと抽象的に聞こえますが、**実際に意志を鍛えることはできます。**

たとえば、筋トレを続けていると筋肉に張りが出て、気持ちも前向きになり、自分に自信が出てきます。続けているうちにだんだんと体だけでなく、意志も強くなっていきます。

具体的に説明しましょう。

以前、スピードスケート五輪金メダリストの清水宏保《しみずひろやす》さんと対談したとき、「筋肉はずる賢

意志は鍛えられる

継続
達成感
面白味
意志の強化
脳(意志)も
筋トレしている

いので、すぐサボろうとする」ので、筋肉をサボらせないようにする練習が必要なのだとおっしゃっていました。

たとえば、70キロの負荷をかけていたのを1キロ上げて71キロにしてみる。71キロなら何とか上がるのであれば、次にまた1キロ増やす。すると72キロが上がるようになる。

少しずつですが、こうして達成感を積み重ねることで筋トレそのものが面白くなってきます。そして、「意外と自分は意志が強い」と自信をもてるようになり、継続できるのです。

過去の成功体験を思い出す

最初から「自分は意志が弱いから」と決めつけるのが一番危険なことです。これまで、何かしら努力をして、達成感を得た経験があるはずです。それを思い出してください。

以前、鹿児島に講演に行ったとき、ある中学校では、生徒に錦江湾《きんこうわん》を泳いで桜島まで渡らせているという話を聞きました。

中学生のときに海を泳いで桜島に渡った経験は、強く印象に残ることでしょう。みんなで桜島まで行けるように、カナヅチの子も練習するそうですから、その過程で意志も鍛錬されるはずです。

その後は、桜島を見るたびに「あのとき、海を泳いで渡ったな」と思うわけですから、**その都度自分は鍛錬できる人間だと自信がもてます。**

そうした目に見えるものでなくても、毎日朝早く起きて、満員電車に乗って会社に通っている、雨の日も風の日も休まず通勤している、ということも、非常に意志が強いからできることです。

そのように、自分の行動を振り返って、意志の強い点を確認してみるのです。

「できていること」を評価する

新しいことに取り組むときだけでなく、タバコやギャンブル、アルコールなどの悪癖をやめる際にも強い意志が必要です。

そんなときに参考にしてほしいのが、アルコール依存症の治療方法の1つであるブリーフセラピーという短期の心理療法です。

アルコール依存症の人と面接をすると、「一日中お酒を飲んでいる」「毎日飲んでいる」と言う人が多いのですが、「朝起きてすぐ飲んだのですか?」と訊《き》くと、「朝は飲んでいません」という人がけっこういるそうです。つまり、四六時中酒浸りというわけではなく、飲んでいない時間もあるのです。

意志の弱い面ばかり見ない

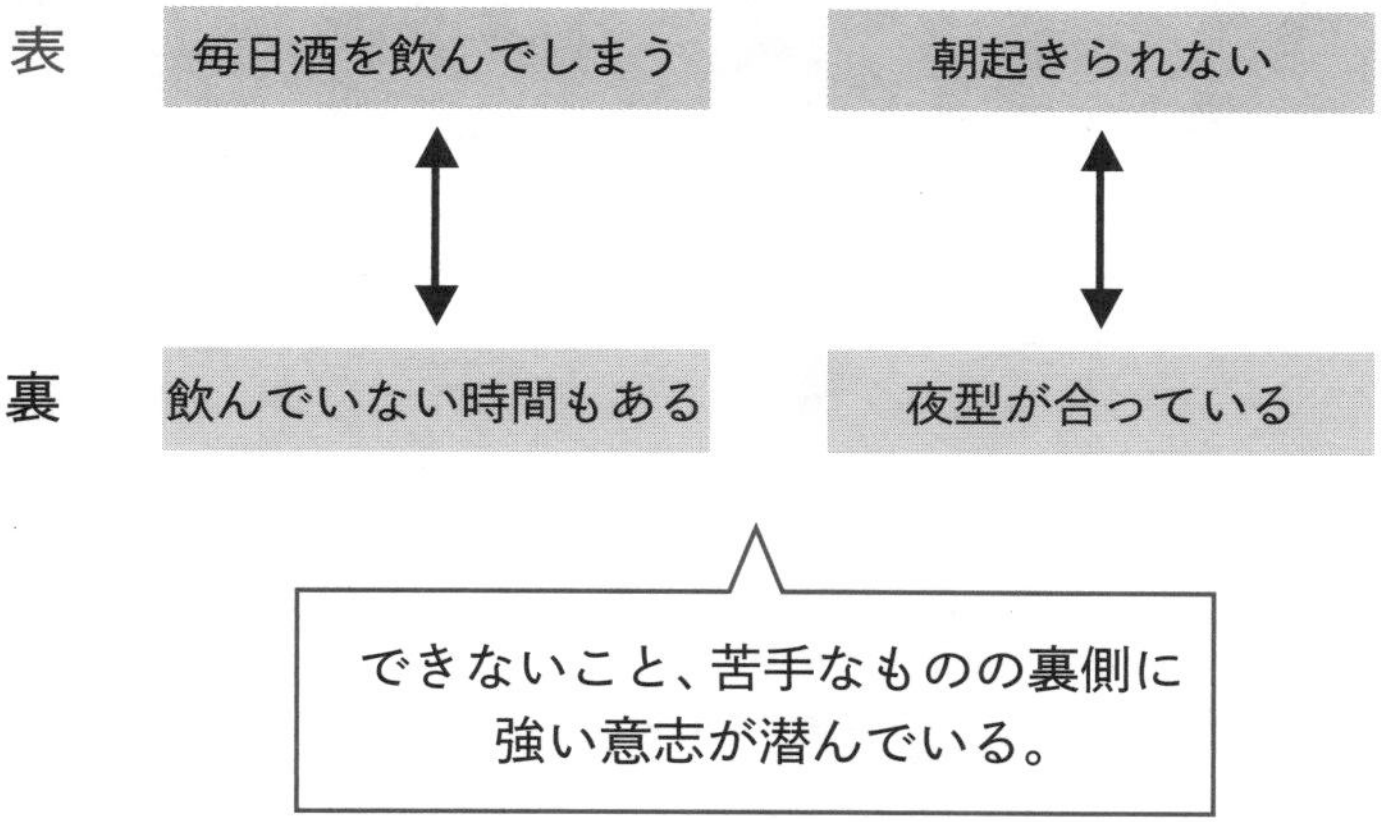
表
毎日酒を飲んでしまう
朝起きられない
裏
飲んでいない時間もある
夜型が合っている
できないこと、苦手なものの裏側に
強い意志が潜んでいる。

このセラピーでは、「その飲んでいない時間を長くしてみましょう」と、すでにできていることを評価していきます。同じように、**続けられているものに光を当てて行動を促すのも意志を鍛える1つの方法**です。

朝起きられなくて遅刻ばかりだという人は、自分の意志の弱さを嘆くかもしれませんが、夜勤の多い仕事を選べば評価が変わります。

私は夜型人間です。それは小学校のラジオ体操のときにわかりました。つい夜ふかししてしまうので、朝は眠くて参加できないのです。

夜に起きていられて朝が弱いのであれば、夜の時間に勉強すれば、早く寝る人と変わらない。そこで仕事も、朝のスタートが遅くて、夜遅くまで働くというスタイルを選ぶようにしました。人それぞれ意志の弱い面がありますが、できていることもあるのです。

貧富の格差を是正しなくてはいけない

その結果として貧富の懸隔《けんかく》を生ずるものとすれば、そは自然の成行《なりゆき》であって、人間社会に免るべからざる約束と見て諦《あきら》めるよりほか仕方がない。とは云え、常にその間の関係を円満ならしめ、両者の調和をはかることに意を用うることは、識者の一日も欠くべからざる覚悟である。

——第7章　算盤と権利［ただ王道あるのみ］

貧富の調和を図る

今、日本は経済格差の問題を抱えています。

渋沢栄一は「**貧富の差が激しい場合、お金持ちと貧しい人の関係を調和していくべきだ。その格差を減らすようにしていくことが、ものがわかっている人の覚悟だ**」と言います。

栄一の言葉に反して、なぜ格差が広がってしまったのでしょうか。

その原因の1つは人材派遣法（正式には労働者派遣法）にあります。この法律の目的は派遣労働者を保護することにありますが、実際に企業が行ったのは、終身雇用より安い人件費で、取り替え可能な調整弁のように使える労働者を増やすことでした。非正規社員は1992（平成4）年に約20％だったのが2019（令和元）年には38％を超えました。

非正規社員の人たちは、正規の社員よりもずっと低く給料が抑えられていて、年収200万円以下のワーキングプアと呼ばれる人が増えています。最近ようやく厚生労働省によって「同一労働同一賃金制度」の導入が始まりましたが、それがどこまで効果を発揮するのかはまだ未知数です。

2017年G7の相対的貧困率の比較＊

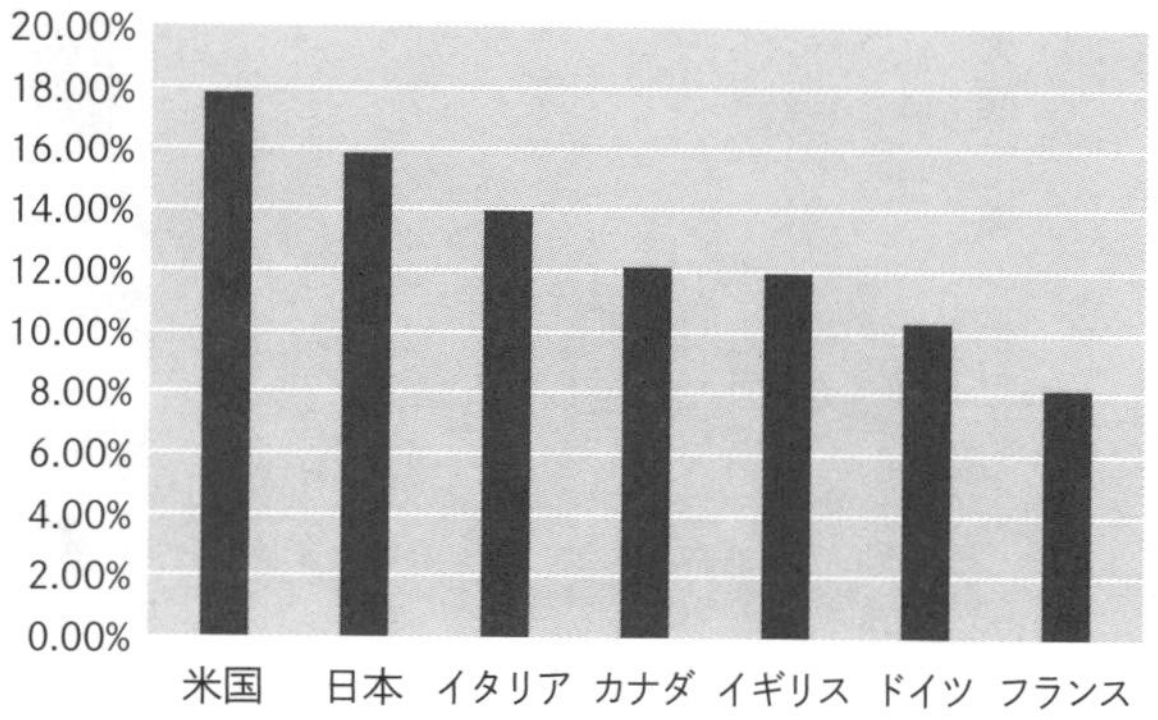

GLOBAL NOTEの資料、OECDのデータを基に作成。
＊所得中央値の一定割合（貧困線）以下の所得しか得ていない人の割合

見識のある人の態度

かつて一億総中流といわれた時代がありましたが、今、ものすごい富裕層がいる一方で貧困家庭が増えている格差社会になりました。

経済格差は、税制でコントロールするしかありません。しかし、富裕層に対する税率を高めれば、富裕層が外国に逃げてしまうことが予想されます。まったく身勝手な話です。

栄一は、公を第一に考え、自分のことは二の次でした。それが見識のある人間の正しい態度でした。**栄一と今のリーダーとの志の違いを、強く意識しなければならないタイミングです。**

よい競争と悪い競争

善意競争と悪意競争、妨害的に人の利益を奪うという競争であれば、これを悪意の競争というのである。しからずして品物を精撰《せいせん》した上にも精撰して、他の利益範囲に喰《く》い込むようなことはしない。これは善意の競争である。つまりこれらの分界は、何人でも自己の良心に徴して判明し得ることと思う。

――第7章　算盤と権利［競争の善意と悪意］

ズルをしてはいけない

競争には善意のものと悪意のものがあります。善意の競争は、工夫によってよりよい商品を生み、他者の利益をじゃませず堂々と競います。一方、悪意の競争は他者のよいアイデアを真似して活動を妨害し、利益を奪います。

渋沢栄一は**悪意競争を戒めます。それは良心に照らして考えればわかるはずだ、と。**

本来、独占禁止法のもとで企業が自由に競争すれば、商品やサービスの価格が下がって消費者が安く利用することができるはずです。ところが、独禁法がうまく機能していないケースもあります。たとえば、スマホ関連の使用料はなかなか下がりません。

通信事業は許認可事業なので、競争が起こりにくく、通信費が下がりません。現代人は、水を飲み、電気を使うのと同じように電波を使わなければ生活できません。とくに、スマホをよく利用する若者は高額を払わされており、よい

やるべきことに集中することが正しい競争のスタイル

競争が行われていないように感じます。競争が公正に行われる状況をつくることが大事です。

自分のやるべきことに集中する

競争を個人に置き換えてみると、**人の活動に気をとられるのではなく、自分のやるべきことに意識を集中させることが大事**です。

人が失敗するのを喜ぶ、金持ちが破産したからほっとする、そんな気持ちではよい競争はできません。人は人、自分は自分であるべきで、他人が失敗したことでほっとするような心性、心の在り方はさもしいものです。

そもそも、自分のやるべきことに集中しないことには、精神的に疲弊してしまうのではないかと思うのです。精神の健全を保つためにも、自分のやるべきことに意識を集中させて、よい競争に励むべきです。

欧米心酔の夢を捨てよ

この国産奨励の宣伝をも、極端な消極主義、排外主義と取られては、独り発起人等の迷惑なるのみならず、ひいては国家の大損失を招く恐れがある。

――第8章　実業と士道［模倣時代に別れよ］

日本の産業を発展させるために

明治時代の日本は、近代国家を建設するために国内産業の興隆に力を注ぎ、国産品の品質の向上をはかりましたが、一朝一夕には欧米の製品のレベルには達しません。当時の国民には舶来品をありがたがる風潮があり、それを苦々しく思う産業人もいました。

そんななか、渋沢栄一は「自分は国産を奨励するが、極端な排外主義ではない」と語る一方、日本の外国偏重の悪習を憂いています。

いつまでも外国の模倣をして、舶来品がすごいという発想では、日本の産業が振興しない。模倣の時代から去って、自発自得の域に入らねばならないと主張します。

栄一には、**東洋の一等国をもって任じている日本がいつまでも欧米心酔の夢を見ていてはいけない**という見識があったのです。

ただし、国産を奨励するといっても、外国商品を嫌うのではなく、海外の優れた商品に学びながら良質の国産品を生んでいくことが大切だとし、それによって国内の産業を発展させていこうと訴えます。

栄一の主張の実現と衰退

現在は、日用品を見ても、日本生まれのウォシュレット（温水洗浄便座）などが世界のスタンダードになる時代です。そのほかの製品も、メイド・イン・ジャパンのレッテルが貼られたものは高品質のイメージで受け取られるようになりました。これは、とくに昭和の終わりから平成以降のことです。**日本製品は、栄一が望んだようにレベルが上がった**のです。

ただ、そうしたジャパンブランドも、家電などの領域において、今や他国企業の後塵《こうじん》を拝することも増えました。また、GAFAなどのグローバル巨大企業と比較すれば、日本企業の存在感は大きく下がります。そして、そうした事実にフタをするかのような「日本スゴイ」という論調を耳にすることが増えました。

こうした状況を栄一が見たら、逆に「自国心酔の夢を捨て」、苛烈《かれつ》なグローバル競争を生き残るため、今一度国内産業の発展に力を注ぐべきだと言うかもしれません。

外国に学び、国内産業を発展させる

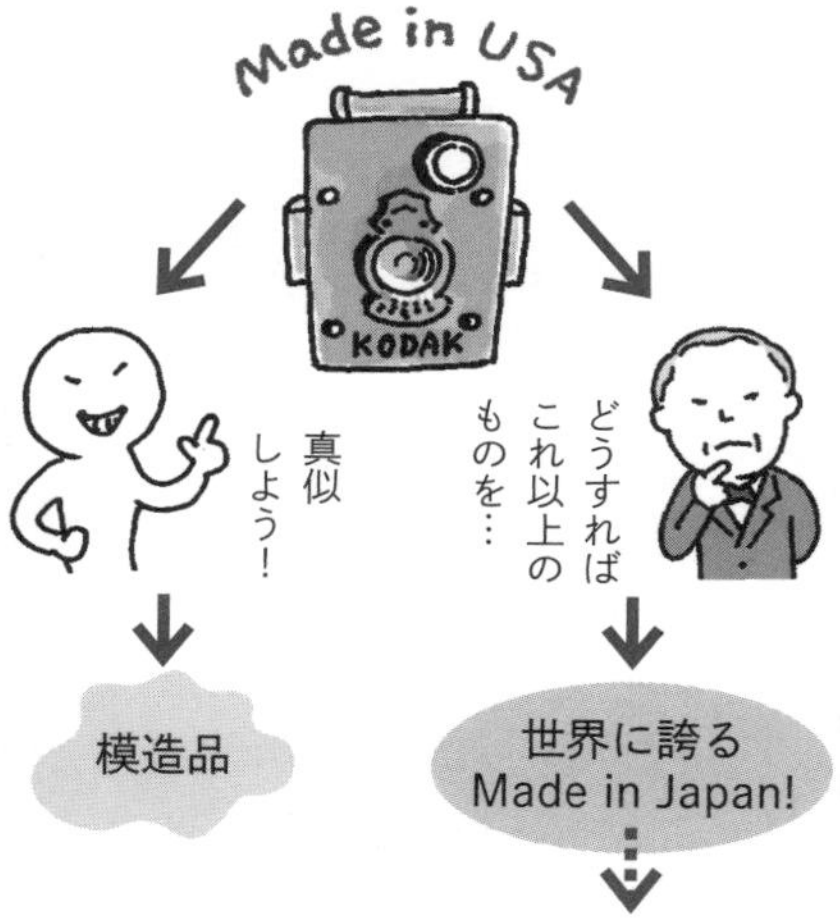
Made in USA
KODAK
真似しよう！
どうすればこれ以上のものを…
模造品
世界に誇る
Made in Japan!

金儲けのうまい人を目標にするな

しかるに、世人はこの種の人物を成功者として尊敬し羨望《せんぼう》し、青年後進の徒もまたこれを目標として、何とかしてその塁《るい》を摩《ま》せんとするに腐心する所より、悪風滔々《とうとう》として停止するところを知らざる勢いとなっておる。

――第8章 実業と士道［功利学の弊を芟除《さんじょ》すべし］

みんなの幸せを願う

「金儲けがうまい人＝成功者」というイメージは、渋沢栄一が生きた時代も現在も、変わっていないのかもしれません。

栄一は、**若い人たちが金儲けのうまい人を成功者として自分の目標にするのは、ちょっとまずい**のではないかと憂慮しています。

昭和時代にも、松下幸之助や本田宗一郎など、素晴らしい業績をあげただけでなく、社会の繁栄をとおして、みんなに幸せが訪れるようにしたいという気持ちをもつ経営者がいました。今の経営者たちにもそのような公の意識を期待したいものです。

日本人のお金に対する意識は、バブル経済の時期に変わったように思います。それまでは真面目に働くのが一番という考えだったのが、うまく立ち回って儲けるのが利口だとなった。

経済活動ですから機を見るに敏で、投資や儲けの才覚があることは非難されることではありません。しかし、楽して儲けようとする人が増えるのは好ましくありません。利己的な目的だけで利益をあげている人を成功者として尊敬し、羨望するのは感心しません。

公共心のある富豪こそ真の成功者

栄一と親交のあった「日本公園の父」
本多静六

1866～1952年。「月給4分の1天引き貯金」という方法を基に巨万の富を築く。東京大学教授を退官した際には、ほとんどの財産を匿名で寄付した。

本多静六の生き方

栄一と親しくしていた人物の1人に本《ほん》多《だ》静《せい》六《ろく》という人がいます。

東京大学の教授で、日比谷公園の設計などに尽力した「日本公園の父」とされる人です。本多は、山林、土地、株に投資して巨万の富を築きましたが、定年後、老後の備えだけを残して、全財産を公共事業などに寄付しました。

本多は、「儲けることとは、金銭上のことだけでなく、道徳、教養、生活、社会奉仕をプラスにすることをいう」と言っています。

ひるがえって今、私たちがイメージする成功者の像は？　**金儲けが自己目的化しているような経営者の顔しか思い浮かばないとすれば、不幸なこと**です。

そんな時代だからこそ、栄一の言葉に耳を傾けたいと思います。

親と子は違って当たり前

私は子に孝をさせるのでは無い。親が孝をさせるようにしてやるべきだという根本思想で子女等に臨み、子女等が総《すべ》て私の思うようにならぬからとて、これを不孝の子だとは思わぬことにしておる。

――第9章　教育と情誼《じょうぎ》［孝は強《し》うべきものにあらず］

親孝行を強いてはならない

親子について、渋沢栄一はじつにユニークな考え方をします。「私は多くの点で父親よりも勝っていたと思うが、自分の子どもは私より劣る」と言い切り、冷静に親子の違いをとらえていました。だからこそ、親が子を思いどおりにしようとしても、うまくいかないと語ります。

つまり、**親孝行を強いると、かえって不孝の子にしてしまう**とし、「父は私に孝を強いず、思うままに志に向かって進ませてくれた。孝行は親がさせてくれて初めて子ができるもので、子が孝をするのではなく親が子に孝をさせるのだ」と自らの経験に基づいて主張しました。

実際に、栄一の父親は、「おまえは自分と違って、もっと伸びていくようだから、家業にこだわらなくてもいい」と言って、チャプター1で解説した、あの自由すぎる栄一の活動を力ずくで押さえつけようとはしませんでした。

本当の親孝行とは？

親の親切を無にしない。

親が子に求めるものではない。

親の親切を無にしない

栄一は「孝らしからぬ孝」というエピソードも紹介しています。

山仕事から帰ってきた息子に母親があれこれ世話を焼き、息子の足をもむ。世間では、親に足をもませるなどというのは親不孝というが、母親が息子の労をねぎらうことを喜んでいるのであれば、それをさせるのはむしろ親孝行だという話です。

「お母さん、座っていて何にもしなくていいよ」と言うのではなく、母親がしたいことをさせるのです。母親は山仕事から帰ってきた息子のために、ご飯をつくったり「お疲れだね」と言って足をもんだりしたいものなのです。

つまり、**親の親切を無にしないことが、本当の親孝行**だというのです。

専門的な能力を身につける

今の青年はただ学問の為《ため》に、学問をしているのである。初《はじめ》より確然たる目的なく漠然と学問する結果、実際社会に出てから、我は何の為に学びしやというが如《ごと》き疑惑に襲われる青年が往々にしてある。(中略)小学校を卒業すると、それぞれの専門教育に投じて、実際的技術を修むべきである。

――第9章　教育と情誼［現代教育の得失］

勉強のための勉強では駄目

明治時代の大学は官僚や学者を養成することを第一義としていて、実業の世界で活躍する人材を育てる目的は希薄でした。社会的にも官吏(公務員)などと比べて、民間で商工業に従事する人は一段低く見られていました。

しかし、商工業の発展こそが重要なのだと考える渋沢栄一は、この傾向に憤慨します。「はっきりした目的もたずに、学問のために学問をするような態度は駄目だ」と。

知識偏重の傾向に対して、漫然と学問をしている人が多いことを嘆き、何のために学ぶのかが、明確になっていない者が多いことに警鐘を鳴らしました。そして、ただ知識を得るだけではなくて、**何らかの専門的技術を身につけて世の中に貢献することの尊さ**を説きます。

エリート教育ではなく専門教育の重要性を説く

エリート養成機関として重視された当時の大学は
一部の人しか行くことができなかった。

東京帝国大学
慶應義塾大学…etc.

渋沢は、広く会社の戦力となる人材（経営者やマネジメント層）を
育てる必要性を感じる。
そして、以下のような専門の教育機関の設立に関与した。

東京商業学校（現・一橋大学）
高千穂商業学校（現・高千穂大学）
大倉商業学校（現・東京経済大学）…etc.

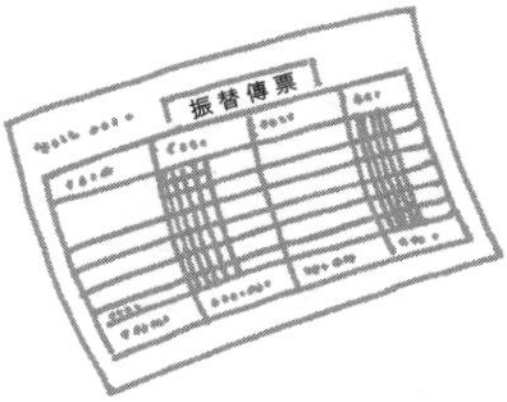

簿記などの専門性の高い技術や英語といった実学を学ばせた。
それは、実際に会社やビジネスを動かすことができる人材を
増やしたかったからだと思われる。

学問をスポーツに置き換えて考えてみるとわかりやすいでしょう。

試合で使えない技術を磨くことに時間をかけるのは無意味です。練習のための練習では試合に勝てません。「試合に使える技術の習得にこそ励め」というのが栄一の主張です。

「学問のための学問」を否定する栄一が、実際に商業学校の設立に尽力したのは、チャプター1で解説したとおりです（↓62ページ）。

現在、専門学校や専門職大学院など、専門的な技術を修めるための学校が数多くありますが、そうした専門教育の隆盛の基礎をつくったのも栄一でした。

専門技術で社会に貢献する

たとえば、医師は医学、看護師は看護学の専門性を身につけて社会に貢献しています。プロの料理人はその専門性を活かして、フグを調理し、食中毒を起こさない牡蠣《かき》を用意します。

もちろん、著しく変化する現代社会においては、1つの専門性がいつまでも通用するとは限らないという考え方もあるでしょう。

たしかに、仕事全般に通じる能力を学ぶことは大切です。しかし、**「目的をもたない学問のための学問」で得た知識では仕事の現場では役に立ちません。**せっかく学んだことが、宝の持ち腐れになる可能性が非常に高くなるといえるでしょう。

そうであれば、何かしらの専門性を身につけようという明確なビジョンのもと、用途が明確な生きた知識・技術を習得することはやはり重要です。

ぜひ、オンリーワンの存在として社会に重宝される人物が増えてほしいものです。

学びにはビジョンが必要

専門性を身につけるための学問	学問のための学問
＝	＝
使える知識	**使えない知識**
↓	↓
代えのきかない仕事ができる。	代えがきく仕事しかできない。

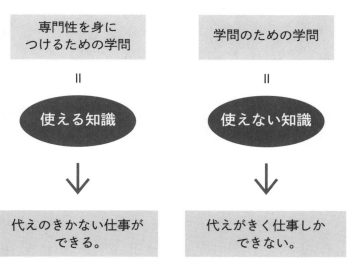

女性に教育が必要な理由

教育はたとえ女子だからとて、けっして疎《おろそ》かにすることは出来ないのである。それについて余は、まず婦人の天職たる子供の育成ということに関して、少しく考慮して見る必要があろうと思う。

――第9章　教育と情誼［偉人とその母］

女子教育は1人の女子にとどまらず

教育は女子だからといっておろそかにできないというのは、今なら当たり前の話ですが、明治はまだ女性に参政権もない時代です。

その時代に渋沢栄一はこう言います。

「女子を教育して養成するのは、女子1人のためではなく、**やがて善良な国民を養成するもとになるから大事だ。**家庭では子どもの教育は母親に任されることが多いわけだから、女子教育は1人の女子にとどまらない」

現代では、良妻賢母的な女性像は古いとされますが、現実問題として、子どもが生まれて10年ほどは母親が面倒を見ることが多く、母親の教養は子どもの教育程度に大きく影響します。

女性参画社会のすすめ

栄一は、女子を男子同様に教育すれば、〈従来五千万の国民中二千五百万人しか用をなさな

女子教育が国力を倍増させる

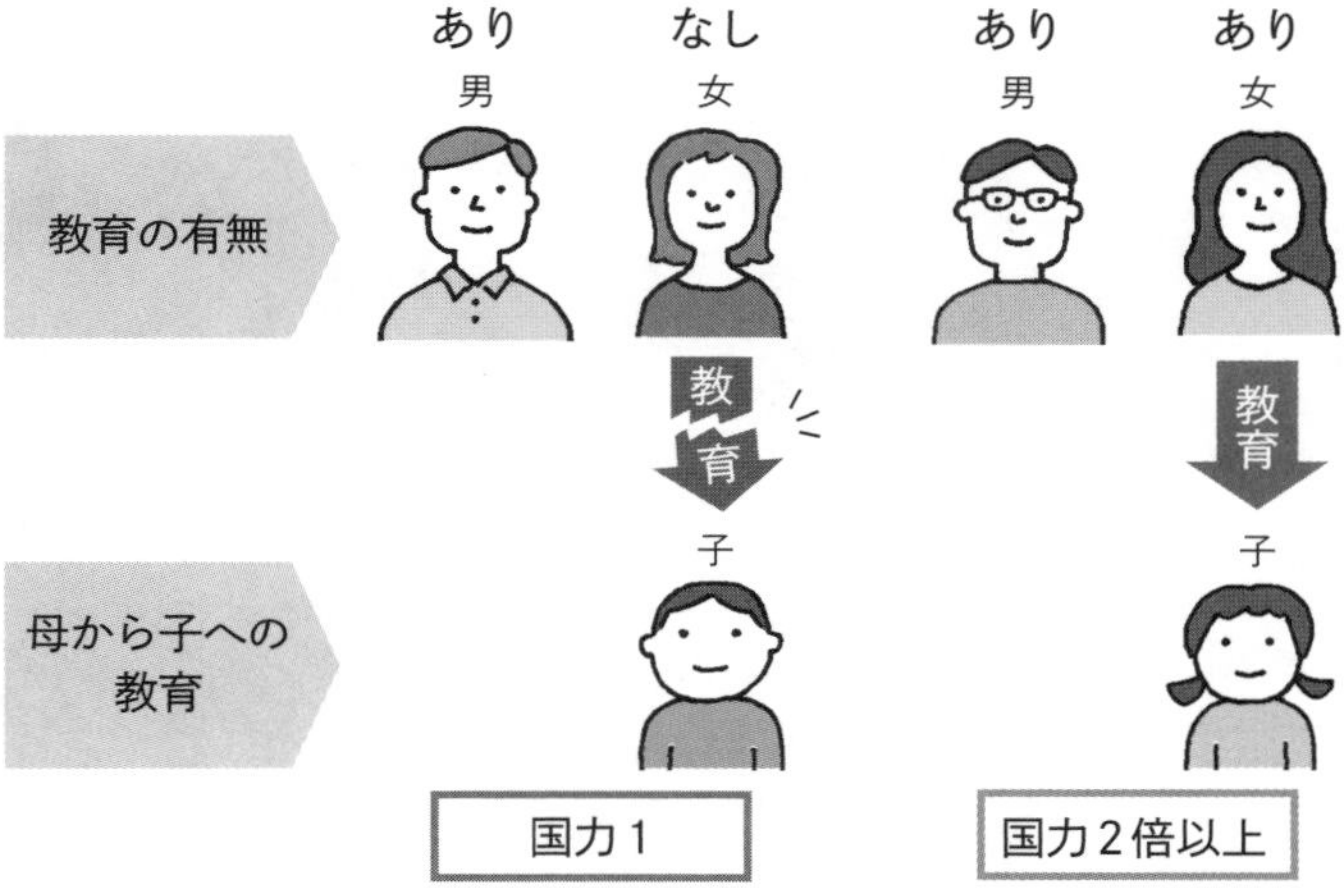
あり
なし
あり
あり
男
女
男
女
教育の有無
教育
教育
子
子
母から子への教育
国力1
国力2倍以上

かった者が、さらに二千五百万人を活用せしめる事となるでは無いか〉と言います。当時の日本の人口は5000万人くらいなので、その半分にあたる女性2500万人にも男性同様に教育をして活躍してもらおうと。

これは今の「女性参画社会」「一億総活躍社会」に近い考え方です。逆にいえば、栄一が100年前に言ったことが、今少しずつ実現されてきているということでしょうか。

女性が子どもを産んだあとも仕事を続けていくのは、システムが整わないと容易ではありませんが、徐々に産休や育休の制度が定着しつつあります。そのシステムをつくっている会社は、**その女性が得ている経験値をそのまま活かすこともできる**はずです。

いずれにしても、栄一の先見性がよくわかる言葉で、けだし炯眼《けいがん》です。

『論語と算盤』の教え 27

人生の運は努力して開拓していくもの

よく世人が口癖のように、運の善悪ということを説くが、そもそも人生の運というものは、十中の一、二、或《あ》るいは予定があるかも知れぬ。しかしながらたとえこれが予定なりとして見たところが、自ら努力して運なるものを開拓せねば、けっしてこれを把持《はじ》するということは不可能である。

——第10章　成敗と運命［それただ忠恕《ちゅうじょ》のみ］

本気度は相手に伝わる

「人生の運は努力して開拓していかなくてはいけない」と渋沢栄一は言います。よく人は運がいいとか悪いとか言うけれども、運のつかみ方こそが大事だと。「努力をして運を開拓する」という考え方が面白いですね。

自分には運が巡ってこないと言う人がいますが、**集中力を発揮すべきときに発揮することが運をつかむ1つのコツ**だと思います。今ここで踏ん張ることが大事なのです。

たとえば、会社の面接を受けるとき、「このチャンスに賭《か》ける」という気持ちがあれば、それが面接官に伝わります。

私は、面接を担当する機会が多いのですが、不思議なもので、やる気や本気が見えたときに、その人を採用したくなるものです。

本気と努力が運を引き寄せる

本気ではないなと感じると、どことなく採る気がしなくなります。それが面接の集中力です。本気度が重要なのです。

万全の準備などない

本気でこのチャンスをつかもうと思っているか、本気で自分の何かを開拓しようとしているか、そうした自分の人生に対する本気度が見えたとき、それが相手に伝わってチャンスを得ることがあります。

つまり、運を開拓するということは実際にあるのです。しかし、せっかく運が巡ってきているのに、いろいろな理由で見逃すこともあります。オファーがきているのに、「自分はまだまだ実力不足なので」と見送る人がいます。あるいは「万全の準備ができていないので」と見送る。これは運を逃すことになります。万全の準備ができることなど人生にはありません。

「自分はその実力に見合っているからやります」などということはありません。**大体、実力に見合っていないオファーがきます**。そのときに勇気をもって運をつかみ、勇気をもってやる。実力は、その仕事をやっているうちについてくるものなのです。

同じチャンスは二度ない

私の教え子にこんな学生がいました。

教育実習に行った母校から「専任教員としてきてほしい」と校長以下多くの教員から頼まれました。教育実習に行った学生を専任の教員で迎え入れる、しかも校長以下みんなが言ってくれるのは相当に評価されているということです。なのに、その学生は逡巡《しゅんじゅん》しました。

もともとその学生の目標は先生になることでしたから、「受け入れればいいじゃないか」とアドバイスしたのですが、「いや、ふつうの会社員の経験を積んだあとで教員になりたい」と言うのです。しかし、会社勤めを経験したあとにもう一回そのオファーがあるとは限りません。教員に向いている人は、社会経験がなくても、いい先生になれます。

私は多くの学生の進路を見ていますが、**「そのときのチャンスを生かせばよかった」と後悔する人がいてとても残念に思います**。

チャンスの女神は後ろ髪がない

「チャンスの女神は前髪しか生えていない」とレオナルド・ダ・ヴィンチも手記に書いています。**チャンスの女神は頭の後ろが禿げているので、通りすぎたあとは、後ろ髪をつかめません**。目の前に現れたときにつかむことが大事な

あれはチャンスだったのかも……!?

君にぜひこのプロジェクトを
PROJECT
チャンスの前髪をつかみなさい
私にはまだ荷が重すぎます
チャンスに後ろ髪はなかった!

のです。本気の集中力をもって臨んで、そこで勝負を決めると、そのあと運が開けてきます。

結婚にも同じようなことがいえます。

「もっといい人が出てくるはず」と思い続け、気がつけば30代後半あるいは40歳代。「なぜあのときに、あの人と結婚しなかったんだろう」と後悔します。

「来たときがそのとき」という考えをもっている人は運を逃しません。

孔子も、「まず、事を成してから、そののちに報酬を考えよ」と言っています。

報酬が低くてもその仕事に真面目に取り組むことで、評価を得てステップアップすることもあります。人生を切り開くためには、時に身を投げ出すことも必要です。それが運をつかむということでもあります。

成功と失敗を超えていけ

成敗に関する是非善悪を論ずるよりも、先《ま》ず誠実に努力すれば、公平無私なる天は、必ずその人に福《さいわい》し、運命を開拓するように仕向けてくれるのである。（中略）いやしくも事の成敗以外に超然として立ち、道理に則《のっと》って一身を終始するならば、成功失敗のごときは愚か、それ以上に価値ある生涯を送ることが出来るのである。

――第10章　成敗と運命［成敗は身に残る糟粕《そうはく》］

誠実な人に天は微笑む

『論語と算盤』の最後に、渋沢栄一は成功と失敗について書いています。「長い人生を見てみると、誠実に努力している人に天は微笑《ほほえ》む」と。

今の時代はこれがよりはっきりしているような気がします。不真面目な行いやコンプライアンス違反はＳＮＳなどで発信され、社会に知られてしまう現代は、誠実であるかどうかがつねに問われているともいえます。

案外、人の見る目には客観性があって、「あの人は信用できるよね」「あの人ちゃんとやっているよね」という意見は大体一致します。「あの人は、ちょっといいかげんだね」というのも一致する。人の目は割と確かなものです。

誠実に生きている人は信用され、長い目で見ると、信用されている人に運が向きます。**収入の低い人が、自分は失敗者だと思うとすれば、それは違います。**〈かくて敗れても飽《あ》くまで勉強するならば、何時《いつ》かは再び好運に際会

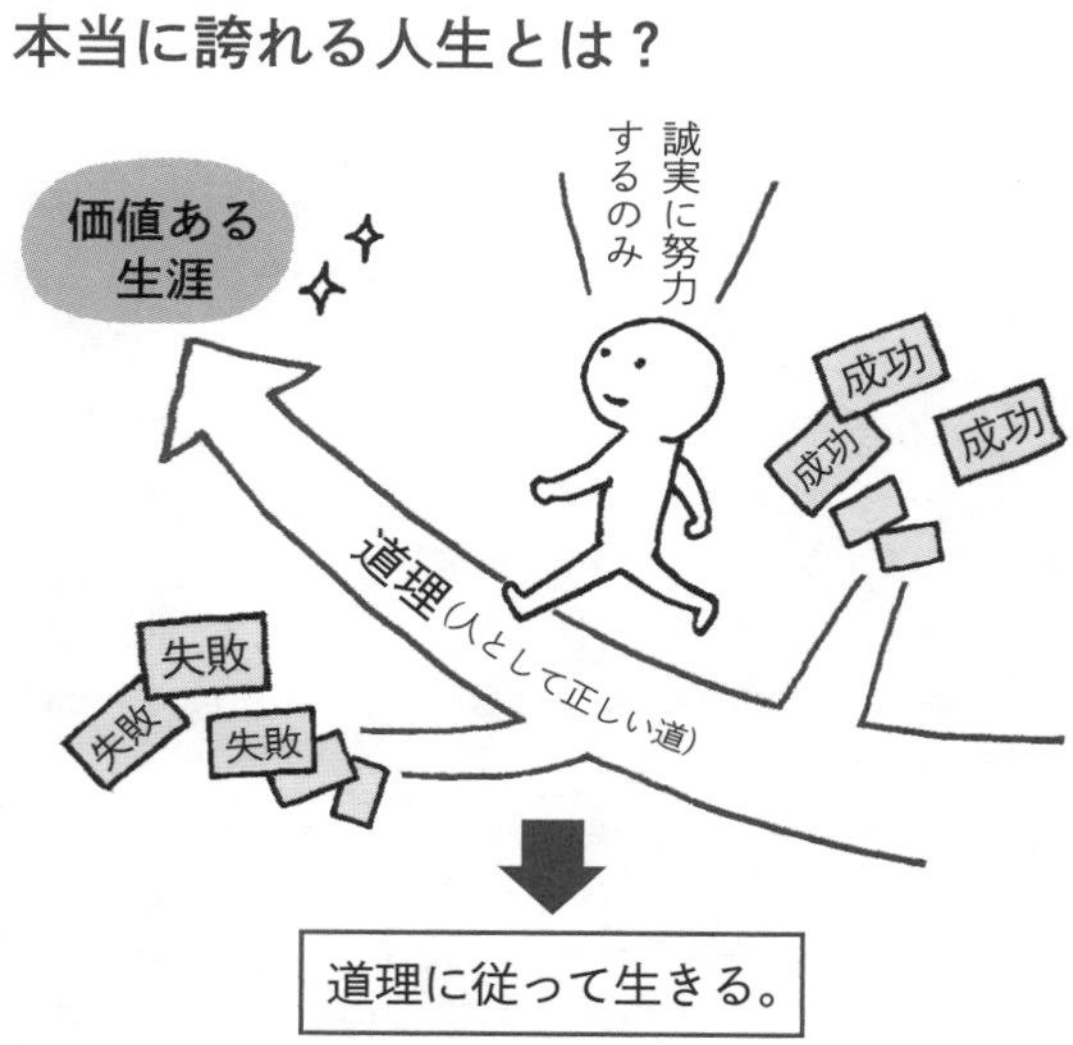
本当に誇れる人生とは？
価値ある生涯
誠実に努力するのみ
成功
成功
成功
道理（人として正しい道）
失敗
失敗
失敗
道理に従って生きる。

する時が来る〉と栄一は言います。

調子が悪いなと思ったら勉強する。するとまた風向きがよくなることがあります。誠実にやることが大事です（↓82ページ）。

ただ道理に従って生きよ

栄一は、私たちに「**成功や失敗を超えていけ**」というメッセージを残しています。道理に従って生きていくことこそが大切なことだと。

世間の目から見れば、成功者がいて、失敗者がいるでしょう。人は自分の人生を振り返って、成功だったか失敗だったかを問うことがあるかもしれません。

それでも栄一は最後に言います。

〈道理に則って一身を終始するならば、成功失敗のごときは愚か、それ以上に価値ある生涯を送ることが出来るのである〉

CHAPTER 3

渋沢栄一の関連人物から読む『論語と算盤』

渋沢栄一を語るうえで、
同時代に活躍した西郷隆盛や
岩崎弥太郎などの歴史上の人物との交流、
エピソードは外せません。
一癖も二癖もある彼らを栄一は
どう評価し、そして評価されたのか。
また、戦国武将の徳川家康や豊臣秀吉に
対する栄一の考察、さらにアメリカの
ベンジャミン・フランクリンといった
偉人との比較をとおして、
栄一の人となりや思想の輪郭を
浮かび上がらせていきます。

関連人物1

西郷隆盛
——毫も虚飾のなかった人物

私は西郷公に向《む》かい、「そんなら貴公は、二宮の興国安民法《こうこくあんみんほう》とはどんなものか御承知であるか」とお訊《たず》ねすると、ソレハ一向に承知せぬとのこと。

——『論語と算盤』第6章　人格と修養［二宮尊徳と西郷隆盛］

西郷隆盛が訪ねてきた

「維新の三傑」と呼ばれる人がいます。江戸幕府を倒し、維新に尽力した西郷隆盛、大久保利通、木戸孝允《きどたかよし》の3人です。なかでも最大の立役者は西郷隆盛だったというのが当時の人々の感覚でした。あるとき、その西郷が渋沢栄一のもとを訪ねてきました。

西郷は1828（文政10）年生まれ、栄一は1840（天保11）年生まれですから、西郷が12歳年上です。当時、西郷は新政府の参議。参議は大臣の上の役職で、西郷隆盛（薩摩藩）、木戸孝允（長州藩）、板垣退助（土佐藩）、大隈重信（肥前藩）の薩長土肥の4人でその重職を担っていました。三傑の1人、大久保は大蔵卿（今の財務大臣）でした。

そのとき栄一は大蔵大丞《おおくらのだいじょう》（大蔵省のナンバー4）でしたから、わざわざ西郷が訪ねてきたことに驚きます。西郷の用件は「興国安民法」のことでした。興国安民法とは、江戸後期に二宮尊徳が相馬藩（福島県北部）に提案した財政や産業などに関する施策で、大蔵省では廃止を議論していました。しかし、それを聞きつけた相馬藩が廃止しないように西郷に頼み込んだことから、西郷が栄一に説得しに来たのでした。

「廃止にならないように取り計らってくれないか」（西郷）

「そもそも貴公は興国安民法がどんなものかご承知ですか」（栄一）

「それは一向に承知せぬ」（西郷）

　すると栄一は、興国安民法について説明をして「貴公は一国を双肩に担う参議なのだから相馬藩一藩のことではなく、一国の興国安民法をいかにすべきかを考えるべきではないでしょうか」と直言しました。

忖度なし！　虚勢なし！

理解していますか？
知らないでごわす
目下
目上

素晴らしい豪傑

　2人のやりとりが見事です。まず、「どんなものかご承知ですか」と聞く栄一の率直さがすごい。誰に対しても遠慮せず、是を是とし非を非とする態度です。ふつうの人間は西郷が頼みに来ただけで、受け入れなくてはと思ってしまう。しかし、栄一は事柄に即して考え、権力者の言うことだからという忖度《そんたく》をしません。彼は真の意味で独立心の強い人間でした。

現代でも、権力者、たとえば総理大臣が自分に何かを頼んできたら、「首相案件」として忖度するかもしれません。しかし、栄一は逆に質問します。聞くこと自体が相手を追い込むとわかっていても率直に問うのです。

対して西郷も「一向に知らない」と言うのです。知ったふりをしない率直さも見事ですが、さらに栄一は追及します。

「西郷さんは相馬一藩のために奔走されているけれど、一国の興国安民法をどうすべきかを考えていないのは本末転倒ではないか。やるのなら一国全体でやるべきなのに、1つの藩だけのことを考えているのはおかしいでしょう」

西郷はこれに対して何も言わずに帰っていったのですが、栄一はこのエピソードを披瀝《ひれき》したあと、「**素晴らしい豪傑である**」と西郷を評します。

〈とにかく、維新の豪傑のうちで、知らざるを知らずとして、毫《ごう》も虚飾の無かった人物は西郷公で、実に敬仰に堪《た》えぬ次第である〉

自分がよく知らないことを頼みにきた西郷を、とんちんかんな人物だと評価してもおかしくないのですが、実際に相対してみると、その器の大きさを感じたわけです。

「知る」と「知らざる」を区別する

『論語』のなかに、〈これを知るをこれを知ると為《な》し、知らざるを知らずと為せ。是《こ》れ知るなり〉という言葉があります。

まるで禅問答のようですが、はっきりわかっていることだけを「知っている」こととし、よく知らないことは「知らない」こととする。自

本当の「知る」とは？

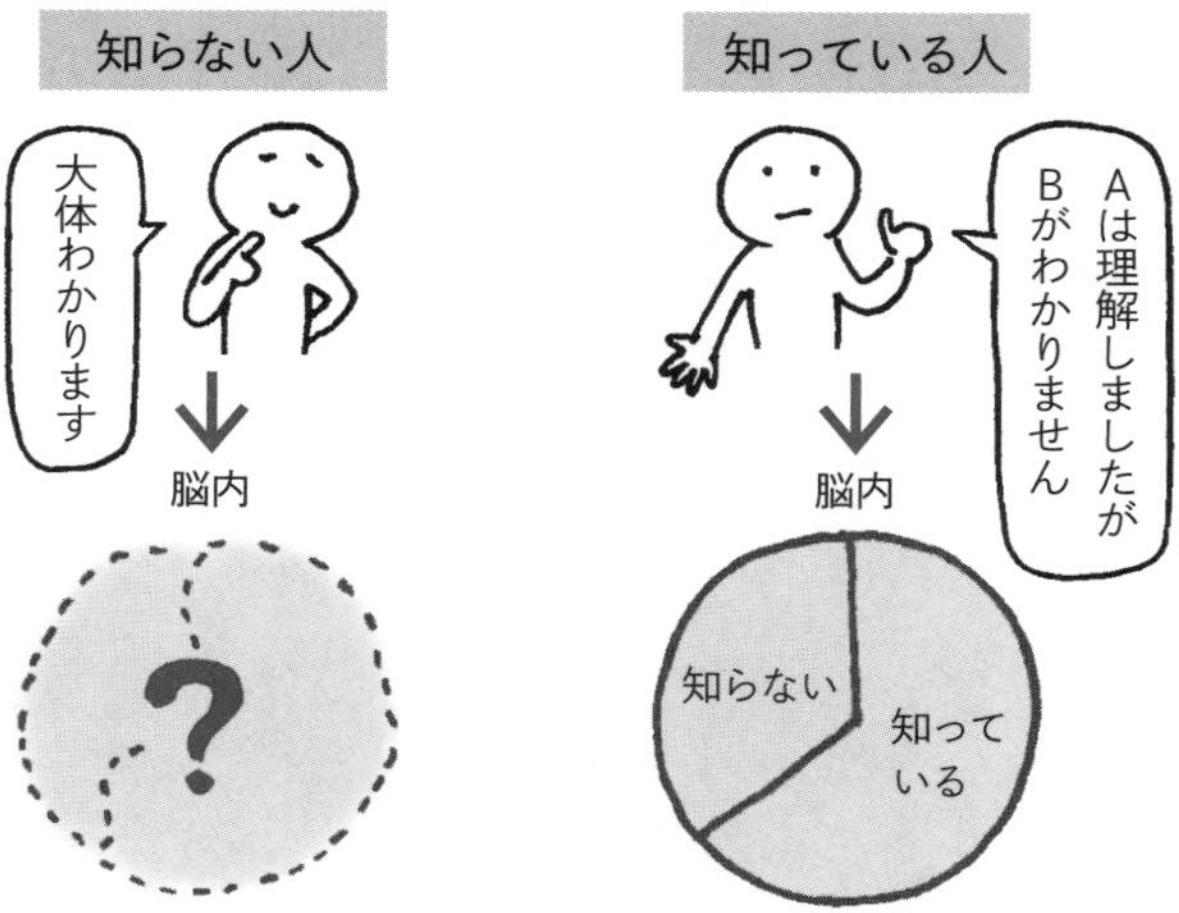
知らない人
大体わかります
脳内
知っている人
Aは理解しましたがBがわかりません
脳内
知らない
知っている

分が何を知っていて何を知らないか、それがはっきりわかっていることが知っているということだという意味です。

「ここまではわかっていますが、ここから先はわかりません」と言う人は頭がしっかりしています。**「大体わかります」と言うのは、知っていない人です。**試験が終わったあと、「大体できたような気がする」と言う人は危ない。「3問目と10問目がわからなかった」とはっきり指摘できる人はいい点をとっているものです。

栄一は『論語』のこの言葉を意識していたのだと思います。「一向に存ぜぬ」とはっきりと言えるところが西郷はさすがに人間ができています。

栄一は権力に屈せず、つねに事柄で話そうとする。それに対して西郷もまったく怒らない。大人物同士のやりとりです。

関連人物 2

福沢諭吉
――国家社会を利するという観念をもつ

福沢翁の言《げん》に「書物を著わしても、それを多数の者が読むようなものでなくては効能が薄い。著者は常に自己のことよりも、国家社会を利するという観念をもって、筆を執らなければならぬ」という意味のことがあったと記憶している。事業界のこともまたこの理にほかならぬもので、多く社会を益することでなくては、正径《せいけい》な事業とは言われない。

――『論語と算盤』第7章　算盤と権利〔合理的の経営〕

1人だけ儲かるのは駄目だ

渋沢栄一は、**事業は社会に多く利益を与えるものでなくてはならない**と言って、冒頭の福沢諭吉の言葉を引用しました。

これは、「たくさん本を売ってたくさん印税が入るようにしたい」という考えではありません。

「自分の書きたいものを書いて納得する」「本を出せて満足だ」、あるいは「少数の専門家だけが読んでくれればいい」では、せっかく本を出しても社会へ与える効能は薄い。多くの人に読まれて社会に役立つ本でなくてはならない、と福沢翁が言ったというのです。

それを実業界に当てはめて「1人が富を積んでも、幸福は他の人に行き渡らない。事業は国家多数の富や幸福を生み出すものでなければ駄

福沢は栄一をどう評価していたのか？

政府の役人になることだけが出世の道と多くの者が考えているが、実業の道に進んだ渋沢栄一の生き方こそが最も模範となる。
報新事時

1893(明治26)年6月、福沢諭吉が発行している新聞『時事新報』にて、福沢は栄一の生き方を絶賛する社説を書いている。

目なのだ」と、栄一は福沢の言葉から刺激を受けて、実業の世界について述べました。

1人が大富豪になって他の人が貧しいという状況は悲惨です。今、世界のトップ62人の大富豪が、世界中の人の下位半分36億人と同額の資産をもっているといわれます。62人の資産と36億人の資産が同額というのは大変な貧富の差です。

チャプター2（→127ページ）でもお伝えしたとおり、G7の中での相対的貧困率はアメリカに次いで日本は2番めです。

『西洋事情』と『学問のすゝめ』

福沢諭吉は日本の国全体のことを世界のなかで考えていた人です。自分の仕事がこの国にとってどんな益があるかをつねに考えていました。

幕末は『西洋事情』という本を書いて、日本中に西洋の様子を知らせました。

当時、日本が西洋についてあまり理解していないときに、実際にアメリカとヨーロッパを見聞した経験をもとに西洋社会の現状を説明しています。

誰もが知りたいと思っていたことをわかりやすく知らせる本でしたから、社会の啓蒙におおいに役に立ちました。

さらに、福沢は『学問のすゝめ』を明治時代の初めに書き、大ベストセラーになりました。**明治の初期に日本の方向性を示す本が出版されたのは、国民にとって大変有益**でした。

そこには、「これからは平等な社会である。そこで大事なことは学ぶということだ。ちゃんと演説もできるようにならなければいけない。自由とわがままは違う」など、新しい時代を生きるために大切な内容が書かれています。

福沢は、明治維新の前から本を出していますから、栄一にとって先生にあたるポジションの人です。その福沢の言葉にインスパイアされて事業のあり方を考えたのです。

社会の多数に益することを考える

栄一は、「社会の多数を益していくのでなければいけない。そのためには繁盛していかなければならず、潰れてしまってはしようがない」と言いますが、今は法人税率引き下げによる大企業の内部留保の拡大や、消費税増税による消費の落ち込み、なかなか上がらない実質賃金……という難しい問題があります。

しかも現在、非正規社員が働く人の4割を占めるようになりました。

今こそ、栄一と福沢の教えが必要となる

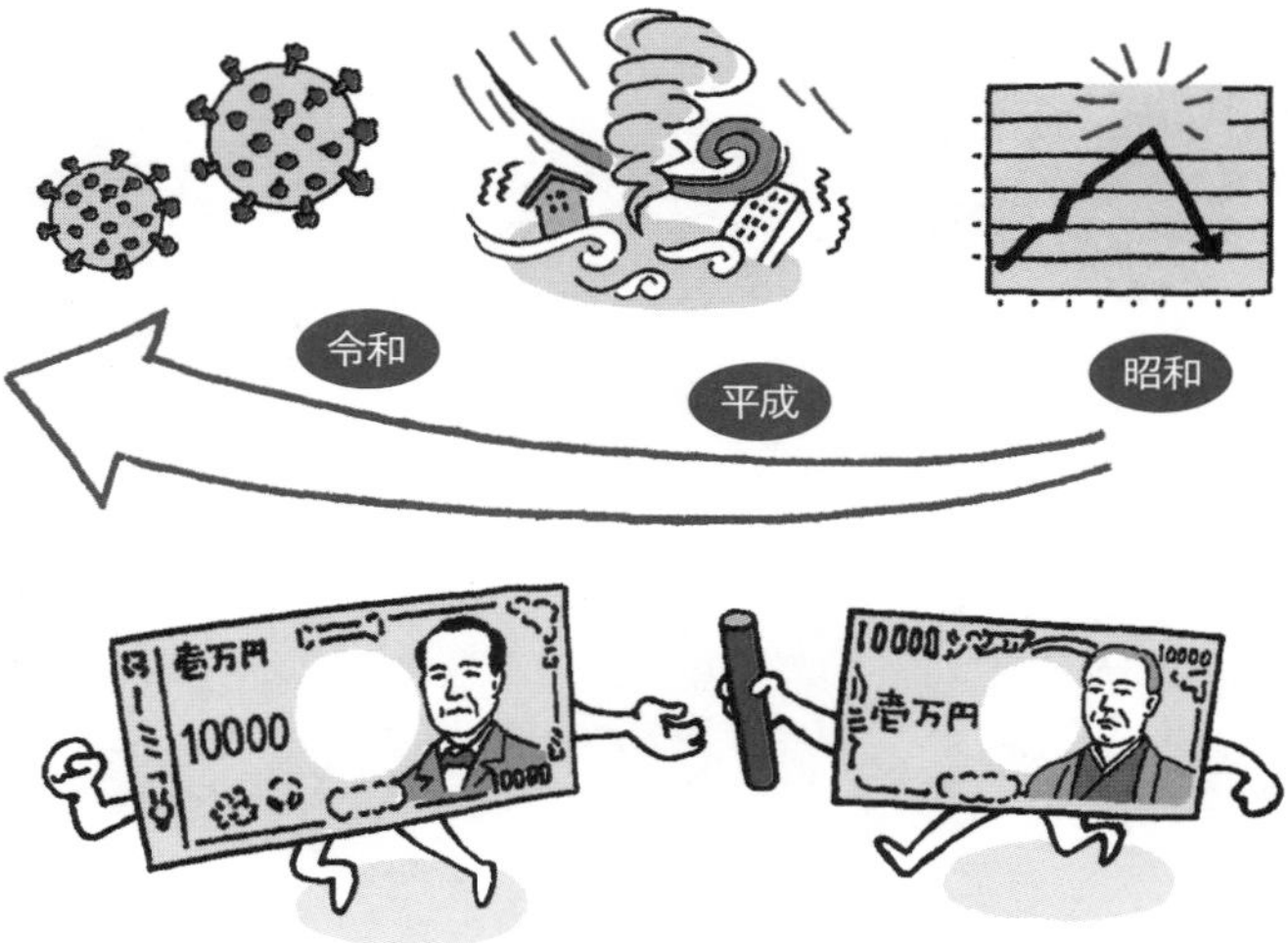

非正規社員は収入が少ないだけでなく、雇用が不安定なため、家庭をもつことが容易ではありません。それが、非婚化、晩婚化に直結し、少子化を招いているという見方があります。日本の出生数は、1992（平成4）年では約121万人でしたが、2019年には90万人を割りました。富の偏在が国の根幹である人口の減少を進めたというのです。

2020（令和2）年には、新型コロナウイルス禍によって世界が混乱し、日本企業も軒並み業績を悪化させました。そのとき社員の待遇をどのようにするか、企業の態度が試されます。

われわれは**栄一の時代以上に、社会の多数に益するとはどういうことなのかを考えなければいけない時代に生きています。**

関連人物3

大隈重信
──道理を踏んで正しい姿勢で元気を養う

元気は押し並《な》べて、さらに一歩進んでは男女共《とも》になければならぬと考える。大隈侯のごとき、私よりは二つもお上であるけれども、その元気は非常なるものである。

──『論語と算盤』第6章　人格と修養［誤解されやすき元気］

「浩然の気」を養う

チャプター1（→48ページ）で解説したように、大隈重信と渋沢栄一は、上司と部下の関係で仕事をしています。栄一が新政府から大蔵省租税正（今でいう主税局長）に任じられたときの大蔵大輔《おおくらのたいふ》（今でいう財務省事務次官）が大隈重信でした。栄一はその仕事を断るつもりで大隈を訪ねましたが、逆に説得されて大蔵省の役人になりました。栄一が社会に出て活躍するきっかけをつくったのが大隈重信だったのです。

栄一は「大隈侯は自分より2歳上だけれども、ものすごく元気な人だった」と評し、その元気とは、孟子《もうし》が言う「浩然《こうぜん》の気」に当たるだろうと語ります。

浩然の気とは「天地に充満する、生命や活力の源となる気」です。中国では、天地にも元気というものがあり、私たちの体の元気と混じり合っていると考えます。浩然の気が全身に満ちていると、志も高くいられるし、立派なこともできるということです。

栄一が語る「元気」とは？

元気とは「浩然の気」のことであり、
それは天地の間に充満しているパワーの源。

道義に沿った行動をすることで養うことができる。

道義を欠いたり、心にやましいことがあるとしぼむ。

栄一は「元気」を、福沢諭吉が唱えていた「独立自尊（他人に頼るのではなく、自尊心と品位を保つこと）」という概念に近いものと感じていた。

「誤解されている元気」とは？

◎青年に元気があり、老人に元気がない、というわけではない。
◎酒を飲んで大声で叫ぶことは元気ではない。
◎相手の助言に従わず、強情を貫くことも元気ではない。
◎黙っているからといって元気がないわけではない。

栄一は大隈の様子に触れ、「元気」とは何か、思いをめぐらせました。福沢諭吉の言う「独立自尊」も元気の1つだろう。そして、元気とは孟子の言う「至大至剛《しだいしごう》」であって、非常に大きくて強いものだろう、と。

今の学生は軟弱か

栄一は明治の先輩に比べて大正の青年は元気がないことも指摘していますが、「今の学生は」「今の若者は」という言い方はいつの時代にもあるようです。

ただし、考えてみると幕末の志士が激しく活動していた時代を栄一は見ています。倒幕派と佐幕《さばく》派が戦い、坂本龍馬が暗殺され、近藤勇も殺される――そんな刀を持って斬り合う時代を生きた人たちが明治時代をつくりました。幕末を生きた人が維新後に育った新しい世代を見たら、それは軟弱に見えるでしょう。侍がいた時代に比べれば、みんな落ち着いて、マナーもよくなったはずです。

私から見ても今の学生は、みんなマナーがよく整っている印象です。講義の最中もあまりにおとなしいので、やる気はあるんだろうかと不安に思うこともあります。ところが、難しい宿題を出しても、全員がきちんとやってきます。

かつての学生など、授業に出ない人も多かったわけですから、言われたことにきちんと応《こた》えるだけでも、評価に値します。

しかし今は、仲のよくない人とは飲みたくない、忘年会も上司と一緒では面倒くさいから出ないほうがいいと言う人も多い。飲み会に費やすお金とエネルギーがあるなら、自分のことに使いたいと考える人が増えているようです。

コスパや効率を重視するのが、最近の風潮なのでしょうが、栄一は、何を成すにもとりあえず「元気がなければ話にならない」とし、その「元気」は道理や正しい姿勢で養い、いつまでも継続するものと語ります。**損得やコスパを優先させて出し惜しみをするようなものは、栄一の「元気」とは異なる**のでしょう。

大隈は栄一をどう評価していたのか？

普通の人なら耐えられない仕事でも、ほとんど苦痛を感じずに働くことができる。非常に精力が強い人物だ。

その他にも、大隈は次のように語り、
高く評価した。

◎とても人情に厚い。部下や抜擢した人が何度ミスしても、大きな損失を生み出しても、見捨てない。
◎真に利己的ではなく、他を利しようとする。そして、自らを愛すると同時に人をも愛する。それは福沢諭吉の「独立自尊」の精神に通じる。
◎若い頃は非常に強情。明治政府に誘っても、「徳川を世話せねばならぬから役人は嫌だ」と突っぱねてきた。しかし、それは忠義心の表れであり、天皇陛下、政府、国民に対して忠実に働いた。

↓

栄一をして「元気な人」と言わしめる大隈もまた、
栄一に対して同様の印象を抱いていた。
「元気」は怒涛の幕末～維新をくぐり抜けてきた者たちの
共通した構成要素だったのかもしれない。

関連人物 4

井上馨
――西郷にも大隈にも直言を恐れない

もちろん私も井上さんと同じく、内閣と意見は違っていたけれども、私の辞したのは喧嘩《けんか》ではない。主旨が違う。私の辞職の原因は、当時の我《わが》国は政治でも教育でも着々改善すべき必要がある。しかし我が日本は、商売が最も振《ふる》わぬ。これが振るわねば、日本の国富を増進することができぬ。

――『論語と算盤』第1章 処世と信条［論語は万人共通の実用的教訓］

井上と一緒に大蔵省を辞める

井上馨《いのうえかおる》は長州藩士として幕末に活躍し、明治政府では渋沢栄一の直接の上司になった人です。栄一が大蔵省に呼ばれたとき、上から大蔵卿が伊達宗城《だてむねなり》、大蔵大輔が大隈重信、大蔵少輔《しょう》が伊藤博文、大蔵大丞が井上馨でした。

栄一は、大蔵省で度量衡や租税制度の改正、貨幣・禄制の改革、鉄道敷設などの仕事を手掛け、スピード出世していきます。その間に大隈重信は参議に転身し、井上馨が大蔵大輔になって大蔵省の実権を握ります。その後、大隈と井上の対立が始まります。

簡単にいうと、内閣に入った大隈は財源を無視して積極財政を推し進めようとし、井上率いる大蔵省は緊縮財政を主張しました。その結果、予算編成権が大蔵省から正院（内閣）に移

井上馨とその右腕として働いた栄一

当時の重職にいた者の中で
理財の才能が突出していたといわれる井上馨。
栄一はその右腕となって働いた。

↓

1871（明治4）年
財政への考え方から対立していた大蔵卿の大久保利通が
岩倉使節団に木戸孝允、伊藤博文ともに参加、欧州へ。

↓

その留守を預かる間、栄一と合理的な財政政策を推し進める。大蔵省内での井上の権勢ぶりは、「今清盛」と呼ばれるほど。

↓

しかし、政府との対立は続き、井上と栄一はほとんど喧嘩腰で連袂辞職する。井上と栄一は政府を弾劾する意見書を連名で当時の大臣に提出。この内容が新聞に載るなど大きな騒ぎとなり、井上は罰金刑を受けた。

されることになり、それに抗議して、井上と栄一たちは辞任します。これについて栄一は、当然怒りもあったでしょうが、チャプター1でも述べたように（↓54ページ）、「**井上さんと一緒に辞めることになったが、事情は違う**」と言っています。自分は民間経済を振興する目的で辞めるのだから、と。

当時の栄一は、維新の元勲に次ぐ立場となっていました。板垣退助らによる人事案では、井上内務卿、渋沢大蔵卿という構想があったほど、栄一の財政手腕は高く評価されていました。大蔵省を辞めるときにはすでに第一国立銀行の頭取に就任していて、退官後、栄一はその立場からさまざまな事業を興していくのです。

井上に話をしてもはねつけられる

さて、井上馨ですが、西郷隆盛が栄一を訪ねたこと（↓150ページ）に関連した話があります。

「西郷公は興国安民法に関して井上に話をしてもはねつけられるに決まっているから、私のところに来たのだろう」と栄一は言います。

相馬藩では興国安民法が廃止にならないように西郷に頼む。それを受けて西郷は、大久保や大隈に話したところで取り上げてくれそうもない、井上馨のところに行ったらがみがみ言われる。栄一ならいいだろうと考えてやって来たという話です。

井上馨は、非常に舌鋒《ぜっぽう》鋭く、弁が立ちましたが、そもそもどんな人物だったか。

井上馨は長州藩士として倒幕に活躍し、明治になると大蔵省に入り、新しい国づくりに参加しますが、先に述べたように、大隈らと対立して大蔵省を辞めます。じつは井上は、その少し

毀誉褒貶相半ばする井上馨の人物像

1836 ～ 1915年
新政府の要職を歴任、長州閥の元老として財界にも権勢を振るった。大蔵省内でのあだ名は「今清盛」。西郷隆盛には「三井の番頭」と揶揄されるほど三井財閥とのつながりが強い。尾去沢銅山汚職事件もあり、ダークなイメージが強い。

栄一の井上馨評もきびしい

◎非常に悲観的で疑り深い性格。
◎ミスに対して容赦なく責める。
◎人や物事の良いところではなく、悪いところを見る。

↓

一方で…

◎財政政策の方針や政府への怒りは共通。
◎渋沢が辞官を決心したときには「下野して好きなようにするのもよい」と共感。

↓

栄一だから付き合えた人間!?

前に大隈重信の仲介で結婚しているのです。そんな大隈と対立するのですから、気性の荒い人ではあったのでしょう。井上はいったん実業界に身を置きますが、その2年後には伊藤博文の強い要請もあり、政府に復帰します。外務大臣、農商務大臣、内務大臣、大蔵大臣など、重職を歴任しました。

井上馨の評価は分かれるところで、大蔵省を辞めた理由の1つに尾去沢《おさりざわ》銅山汚職事件（井上が官権を使って民間から銅山を強奪したとされる疑獄）の追及もありました。

栄一は、井上馨について「感情家」「機敏の人」「見識が高い」などの言葉でとらえています。

関連人物 5

徳川家康

――「適材適所力」に優れた大経営者

我が国の古今を通じて、徳川家康という人ほど巧みに適材を適所に配備して、自家の権勢を張るに便じた権謀家は見当《みあた》らない。

――『論語と算盤』第1章　処世と信条［人は平等なるべし］

忍耐を重ね、太平の世を築く

渋沢栄一は『論語と算盤』のなかで徳川家康について何度か言及しています。

1つに、**最も戦争がうまく処世の道が巧みで、260年間も人々が平和に暮らすことができたのはじつに素晴らしい**と称賛します。

徳川家康は今川家の人質として駿河《するが》で幼年時代をすごし、戦国の混乱期には、信長から秀吉に天下が移っても我慢しました。時を待って、ついに関ヶ原で天下を取り、260年以上続く江戸幕府を開府します。

家康の業績はさまざまありますが、栄一はそこから具体的に何を学んだのでしょうか。

適材適所に心を配る

まず、栄一は家康の「**適材適所力**」が優れていた点を挙げています。

家康は三河時代に、それぞれ性格の異なる3人を奉行に抜擢し、個性に応じて適材適所に配置しました。彼らの働きが家康を支えたために

渋沢から見た家康の業績

「三河三奉行」として後世に伝えられています。

家康は、ほかにもいろいろな人間の利点をそれぞれ把握して、その能力を最大に発揮できる立場に置くことで徳川幕府の基礎を築きました。

栄一も適材適所に心を配った人でした。第一国立銀行の頭取の立場で、次々に会社をつくっていきましたが、それらの会社に、幅広い人脈から、これぞという人材を登用していきました。

日本の道徳の中心に儒学を置く

次に、栄一は家康の功績の1つとして**儒教の重用**を挙げています。

『論語と算盤』のなかにこうあります。

〈日本においては、（中略）宋《そう》朝の儒教を利用したため、（中略）実学の効験を発揮したので

家康の適材適所力を象徴する三河三奉行

身内優先の人事ではなく、
民政や訴訟などに対し、
それぞれの個性を優先して
奉行を抜擢した。

高力清長（仏高力）
実直で慈悲深い。

本多重次（鬼作左）
鬼のように厳しいが
道理を通す。

天野康景（彼是偏無し）
偏ることなく公平。

「仏高力《ほとけこうりき》、鬼作左《おにさくざ》、彼是偏《どちへん》無しの天野三兵」と、
各人の個性をとらえた俗謡が流行ったという。

ある。これを善《よ》く用いたのは徳川家康である〉

栄一は、学問と事業が並行して発達しなければ国家は発展しないと言い、その学問の例として、家康が儒教をうまく用いたことを挙げるのです。

宋朝の儒教は朱子学《しゅしがく》と呼ばれ、家康は朱子学を官学《かんがく》としました。官学とは、政府が正当と認めて統治のために用いた学問です。

儒教は孔子から始まる学問ですが、その後中国で机上の空論的に形骸化していたものを、宋の時代に朱熹《しゅき》が新たに朱子学として体系化しました。

それが朝鮮、日本などに影響を与え、東アジアで儒教文化圏が形成されることになります。

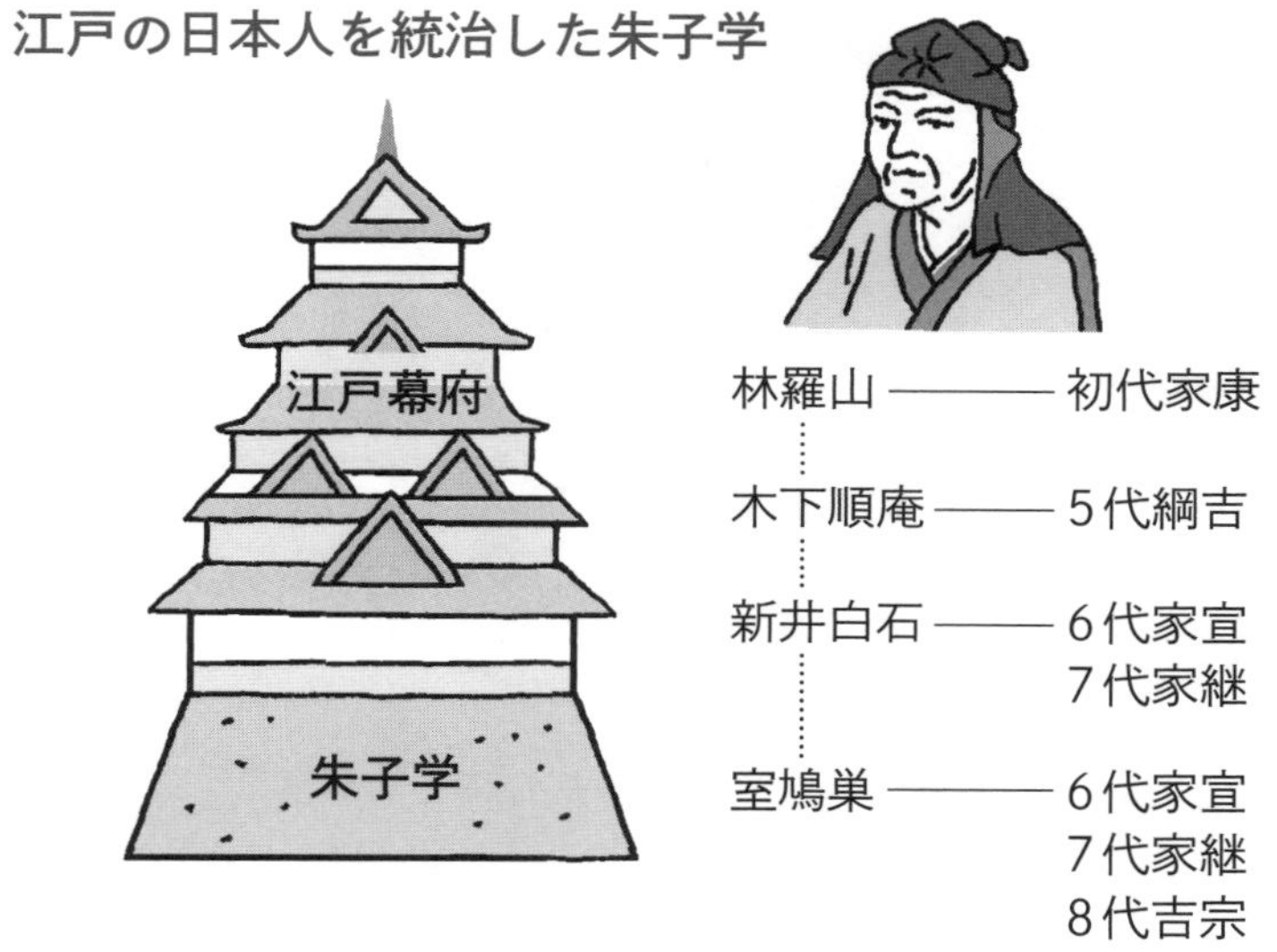
江戸の日本人を統治した朱子学
江戸幕府
朱子学
林羅山 ―― 初代家康
木下順庵 ―― 5代綱吉
新井白石 ―― 6代家宣
7代家継
室鳩巣 ―― 6代家宣
7代家継
8代吉宗

家康は日本人に共通する常識を形成するにあたって、宋朝の儒教（朱子学）を官学に採用し、このときから儒教が日本の実践的な道徳の中心になっていきました。

常識、道徳を重んじた点で、家康を高く評価するのです。

教育や法律を重んじていた政治

さらに、家康が「**文政**」を行ったことを、栄一は称賛します。文政とは武力を用いずに教育や法律を重んじて行う政治です。

〈東照公に驚くべきは、神道仏教儒教等に大層力を入れられたことである。（中略）私は特に文政を修められたについて、深く敬服する〉

家康の時代は、まだ戦国時代の気風が

残っており、殺伐としていました。

　それを慰安して太平を成しえたのは、学問を活用したからだと栄一は分析し、家康が儒教（朱子学）、神道、仏教などによって人々の心を落ち着かせ、道徳心をもって生活できるように努めたことに敬意を示します。

　家康は、江戸幕府直轄の教育機関・昌平坂《しょうへいざか》学問所の起源となった私塾を上野忍岡《しのぶがおか》につくりました。朱子学者の林《はやし》羅山《らざん》が営んだ私塾です。

　そこに全国から俊英が集まり、学問を修めたのち各藩に戻っていく。それを繰り返すことによって、全国に朱子学が広まっていきました。

　一方で、家康は日本人の生活文化に根づいている神道や仏教も非常に大事にしました。人の心というものが、どうすれば落ち着くのかをよくわかっていたのです。栄一はそこを評価します。

260年の基礎を築いた創業者

　なかでも、**栄一が家康を見るときの最大の視点は「大経営者」**というものです。

　日本という国を安定的に経営しきった人であり、その体制が十五代260年にわたって続く基礎を築いた偉大な創業者です。

　一般に会社は三代続くのがいいところで、場合によっては二代目が潰してしまう。企業を永続させていくことは容易ではありません。

　栄一の頭の中には、企業には何代も続く安定感が大事だという考えがあったのでしょう。そして、できるだけ多くの人を益するような経営が大事だと考えていました。

　そうした視点から日本の歴史を見たとき、なんといっても徳川家康は経営者として第一人者です。

徳川時代の260年の安定感は、長い日本の歴史のなかでも特筆すべきものです。今、私たちが日本だと思っているものの多くは江戸時代に起源があり、養われてきたものです。

継続性の高いシステムをつくった大本の人物が徳川家康であり、そこに学ぶものが非常に多かったため、栄一はその偉業を繰り返し語っているのでしょう。

家康を創業者・経営者として見た栄一

関連人物6

豊臣秀吉
——英雄になれたのは「勉強」があったから

かく列挙した秀吉の長所の中でも、長所中の長所と目すべきものは、その勉強である。私は秀吉のこの勉強に衷心《ちゅうしん》より敬服し、青年子弟諸君にも、ぜひ秀吉のこの勉強を学んで貰《もら》いたく思うのである。

——『論語と算盤』第2章 立志と学問［秀吉の長所と短所］

先回りして準備する

豊臣秀吉の長所はさまざまあるけれども、いちばんの長所は勉強だったと渋沢栄一は言います。秀吉が世にまれな英雄になれたのは、一に勉強にある、若者たちはぜひこの姿勢に学んでほしい、と。

いつも木下藤吉郎《きのしたとうきちろう》ばかりが信長のお供を命じられたのは、秀吉が非凡なる勉強家だったからだと言います。ふつう勉強といえば机の前で本を読むことを指しますが、ここでいう「勉強」は違います。**信長が今何を求めているのか、つねに信長を観察して覚えていて、先回りして準備する。**これが「勉強」です。

草履《ぞうり》を温めておいたという話は有名ですね。ある雪の夜、信長が草履を履こうとすると、草履が温まっている。信長が、さては秀吉が尻に敷いていたのではないかと疑ったところ、秀吉は草履を懐に入れて温めていたという話です。

栄一の秀吉へ対する評価は？

長所	短所
◎すさまじい勉強家であり、先回りして物事を考えることができた。 ◎自ら筆を取ることができる（与えられた仕事を愚直にやりきることができる）。	◎若い頃に道徳を学ばなかったため、体力の衰えた晩年には、人倫を無視したさまざまな失策をした。 ◎淀君や秀頼への愛に溺れたことで、晩年に勉強をしなくなった。

↓

勉強家であったことは高く評価しているものの、
晩年の衰えについては苦言を多く残している。

よほど「勉強」していなければ、こういうことはできないと栄一は言います。

世の中のことを学び続ける

信長が本能寺の変で明智《あけち》光秀《みつひで》に殺されたとき、秀吉は中国地方で毛利《もうり》輝元《てるもと》を攻めている最中でしたが、その報が届くと、ただちに毛利氏と和し、兵を率いて京都に引き返しました。そして光秀軍と戦い、これを破って、その首を本能寺にさらしました。変の知らせを聞いてから2週間以内だったといいます。

鉄道も自動車もない時代に、京都の本能寺で起こった事件が中国地方で戦っている秀吉に伝えられるまでには時間がかかったでしょうし、それから和議をまとめて兵を引き連れて京都に引き返す。それを**2週間のうちに行ったことが、秀吉が尋常ならざる勉強家であった証拠**であると栄一は言います。

秀吉は単に機知に富んでいただけでなく、いつも世の中のことを学び続けていました。戦のときには兵士たち数万人が長い距離を移動します。そこで秀吉は、各地におにぎりなどを用意させます。兵士たちは、行く先々で食べ物が用意されていることに感激し、秀吉への忠誠心を高めます。

こうして秀吉は本能寺の変以来、わずか3年(諸説あり)で天下を統一することになります。

また、秀吉には20日かけても進展しなかった清洲《きよす》城の城壁の修繕をわずか2日間(1~3日という説もある)で完了させて信長を驚かせたという伝説もありますが、勉強家の秀吉であれば、これくらいのことは当然できたであろうと栄一は語っています。

実際に即して勉強する

秀吉は機転が利き、気概も気力も素晴らしいけれど、なによりも実践的な勉強をしています。

栄一は、秀吉がさまざまな事業ができたのも、勉強のおかげだと言い、実際に即して勉強することを奨励します。

今でいえば、社長から会社について聞かれて、「いや、私は経理なので営業のことはわかりません」「広告は担当したことがないのでわかりません」などと断るのは、その勉強の機会をみすみす失っているのだと栄一は考えます。

たとえば出版社に入社するとします。本をつくりたいので編集部で仕事がしたいと思っている。首尾よく編集部に配属されたけれど、数年後に営業部に異動になった。その後、資材部へ異動。このように部署を回る人がいます。

秀吉の「勉強」とは？

相手が求めていることや未来の成果を
イメージして仕事をする。

本人も編集の仕事から離れたときは、ほかの出版社に移ることを考えたけれども、いろいろな部署を経験するなかで、営業の大切さがわかり、資材の重要性がわかる。さまざまな仕事を知ったことによって会社全体を理解します。そして出世の道に入る。

自分のやりたいことだけしかやらないでいると勉強が不足するので、異動した先でそれぞれの仕事について学ぶ。これは大事なことです。官僚の養成も大体、2、3年ごとに部署を入れ替えていきます。それによって全体を知ることができるからです。

上司が今何を求めているのか、顧客は何を求めているのか、それがわからないのは勉強が足りないからだ。

そういう意味で「勉強」という言葉を使うのが栄一らしいところです。

関連人物 7

乃木希典

——結果を知るだけでなく原因を理解する

私の観《み》るところも、ほぼ後者と同様なれども、乃木大将が末期における教訓が尊いというよりは、むしろ生前の行為こそ真に崇敬すべきものありと思う。

——『論語と算盤』第6章 人格と修養［すべからくその原因を究むべし］

生前の行為こそ崇敬すべきだ

明治の軍人乃木希典《のぎまれすけ》は、明治天皇の崩御ののち、あとを追って殉死《じゅんし》したことで知られています。

乃木は長州藩士の子として生まれ、明治になると陸軍の軍人としてエリート街道を歩みました。西南の役、日清戦争に従軍し、台湾総督を経て日露戦争に従軍します。その後学習院の院長に就任し、のちの昭和天皇の教育にも当たります。死後、乃木神社が創建され祀《まつ》られました。

乃木が自刃《じじん》したのは、明治天皇の大喪の礼が行われた日でした。渋沢栄一は「最期の壮烈な一死」と書いていますが、明治は45年続きましたから、そのとき武士の時代が終わって半世紀近くがたっていました。

それに対して世間は、「主君のあとを追う。これが本当の武士だ」と感嘆しました。まだ武士の気風が残っている時代ではありましたが、その見方に対して、栄一は**死に方がすごいと**

凄絶な最期だったという乃木希典とは？

1849～1912年
軍神と呼ばれ、乃木神社に祀られている。西南戦争で連隊旗を西郷軍に奪われたことの後悔が、のちに自刃に向かわせた。日露戦争では陸軍の大将として勝利に導く。その武功やロシア兵への寛大な処置により、国内のみならず世界的な称賛を得る。晩年は学習院院長になり、昭和天皇の教育係を務める。1912年7月、明治天皇が崩御した2カ月後に妻とともに殉死。葬儀には10万人以上が参列した。

その最期は同時代に生きた人たちに大きなインパクトを残したが、
栄一はそこに至るまでのプロセスに注目すべきと語った。

いって感嘆するのはよくないと言います。
人は生前の行為こそ崇敬すべきであり、死に方に注目して素晴らしいと言うのはおかしくないかと。

結果だけを見てはいけない

夏目漱石の『こゝろ』にも、明治天皇の死に際して乃木大将が殉死したニュースの話が出てきます。『こゝろ』の主人公の先生はそれをきっかけとして自殺します。「明治という精神に殉じる」という言い方がされていますが、乃木の殉死はそれほど影響の大きい事件でした。

乃木は西南戦争の最中に錦《にしき》の御旗（官軍の連隊旗）を奪われたことがあって、「それ以来ずっと死のうと思っていた」という人です。実際に自殺をはかったと言われます。

西南戦争は1877（明治10）年です。その後日露戦争で大将になり、どうにか勝つことができましたが、乃木希典は、西南の役以来その思いを抱え込んできた人なのだと夏目漱石も書いています。

世間的には、乃木の殉死は一大事件でしたが、栄一は乃木の人格と業績が素晴らしいのだと評価しました。結果だけを見て「あの人はお金持ちですごいな」と言うのと同じで、その人のやってきたことを見なくてはいけないよと言っているわけです。

乃木希典という人物をとおして、栄一は若い人に向けて「**結末や結果だけに注目してはいけない**」と訴えています。

プロセスを見る

乃木の殉死のときに似た反応が、１９７０（昭和45）年に三島由紀夫が割腹自殺をしたことで起こりました。三島といえば「切腹した人ですね」と言われるようになりました。「市ヶ谷駐屯地で自衛隊員に檄《げき》を飛ばし、それが受け入れられなくて切腹した人でしょ」と思い出されます。

三島の場合は昭和も戦後のことで、その自殺が一般に賛美されることはありませんでしたが、最期だけが印象深く多くの人の記憶に刻まれています。

しかし、三島由紀夫は数多くの名作を書き、ノーベル文学賞の候補にまでなった大作家です。私は『金閣寺』を愛読し、学生と一緒に読み、新潮文庫の帯に登場して宣伝までしていましたが、『金閣寺』のような素晴らしい作品を読めば、三島由紀夫という人が天才文学者であったことは誰にでもわかります。

しかし読んでいない人も多くいます。**日本を**

代表する文学者なのに、割腹自殺だけが有名で、作品が読まれていないとなると寂しい話です。栄一の言うように、結果だけを注視するのではなく、プロセスを見ることが大切です。

見えにくい部分にこそ、学ぶべきことが多い

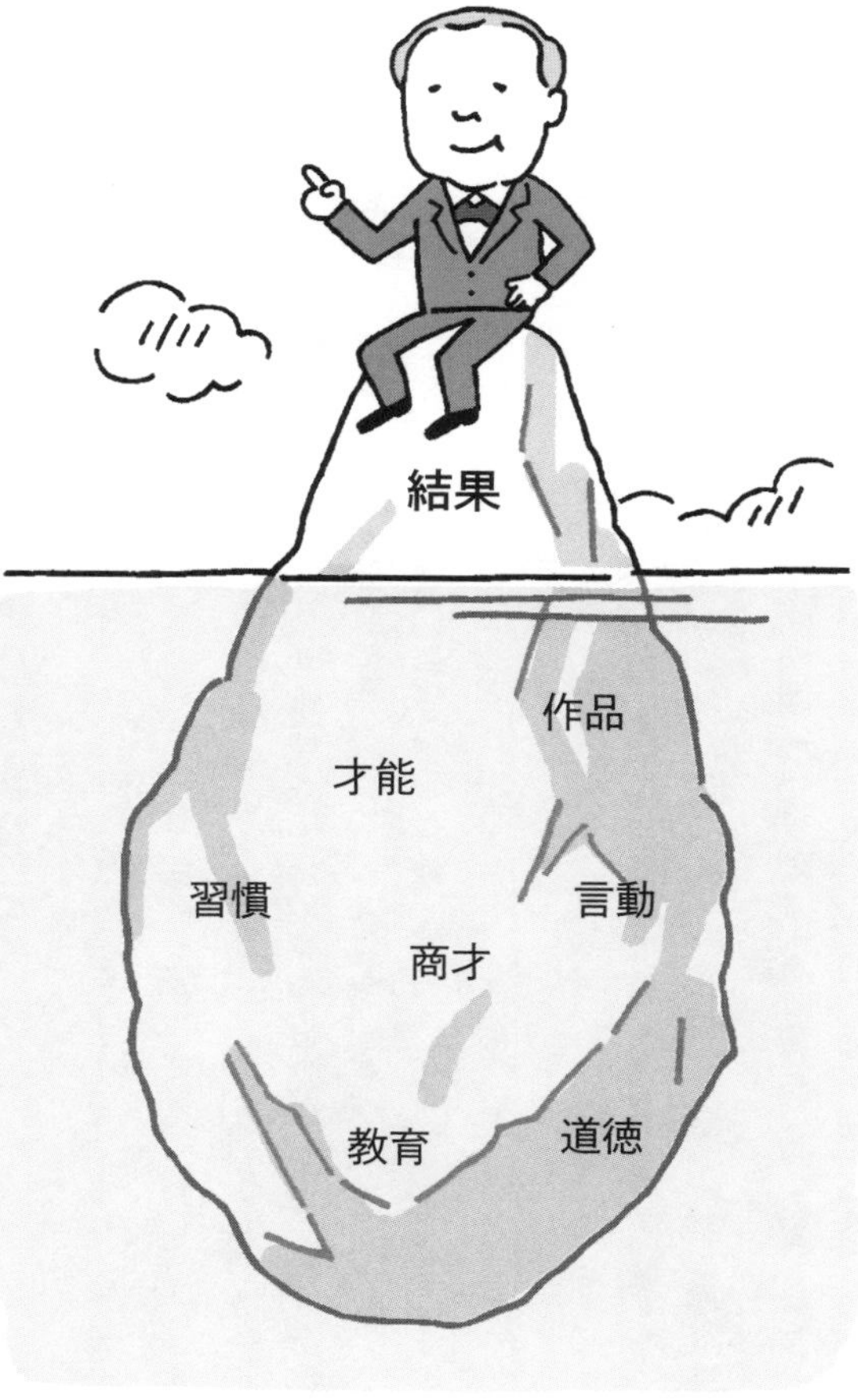

関連人物 8

岩崎弥太郎

――富の独占か、国を富ませるか

今時の富豪はとかく引込思案《ひっこみじあん》ばかりして、社会の事には誠に冷淡で困るが、富豪といえど自分独りで儲かった訳ではない。言わば、社会から儲けさせて貰ったようなものである。（中略）だから自分のかく分限者になれたのも、一つは社会の恩だということを自覚し、社会の救済だとか、公共事業だとかいうものに対し、常に卒先《そっせん》して尽くすようにすれば、社会は倍々健全になる。

――『論語と算盤』第4章　仁義と富貴［富豪と徳義上の義務］

料亭での激論

岩崎弥太郎は今日も続く三菱グループの創業者で初代総帥です。1835（天保5）年に生まれて1885（明治18）年に亡くなっていますから享年50。現代から見ると、意外に短い生涯です。

『論語と算盤』のなかでは、直接、岩崎弥太郎については言及していませんが、渋沢栄一と岩崎との間には「屋形船会合事件」と呼ばれる出来事がありました。

1878（明治11）年の夏、栄一は岩崎に向島の料亭に招待されます。そのとき、栄一38歳、岩崎43歳。栄一はさまざまな会社を興し、岩崎も事業を急拡大している最中のことです。

実業界の大物2人が対立した屋形船会合事件とは？

1878年、岩崎は栄一を向島の料亭に誘う。
そして、屋形船で遊んだあとに……

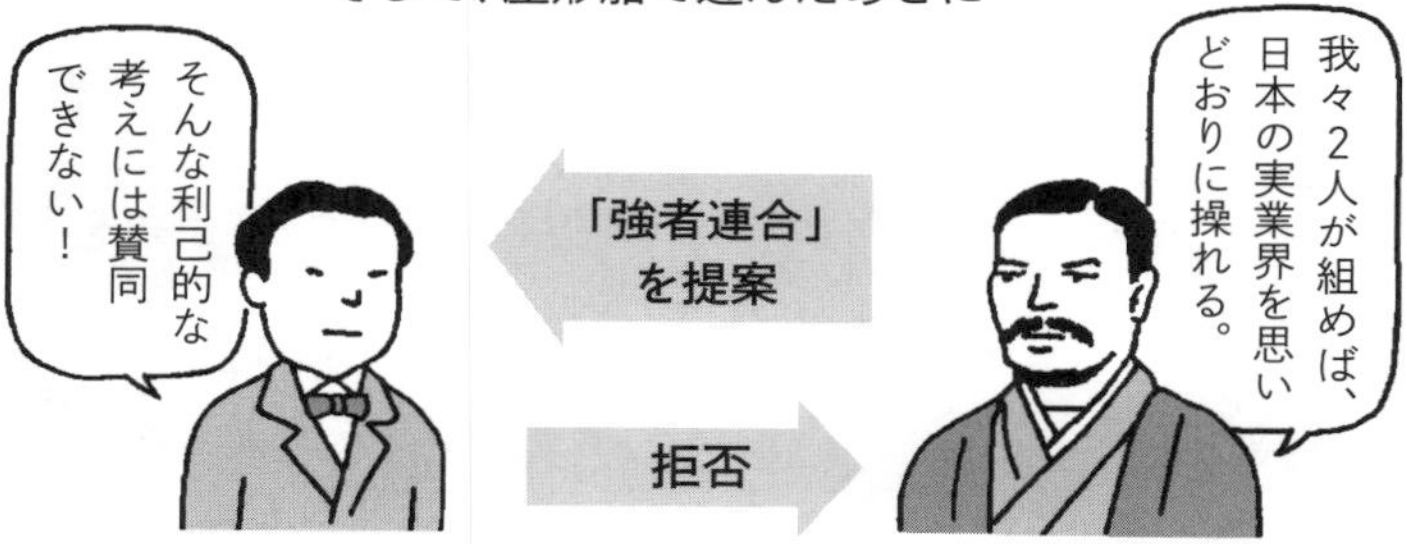
我々2人が組めば、日本の実業界を思いどおりに操れる。
そんな利己的な考えには賛同できない！
「強者連合」を提案
拒否

渋沢栄一
38歳

岩崎弥太郎
43歳

渋沢栄一		岩崎弥太郎
合本主義 多人数の共同出資によって事業を経営すべき。	会社の在り方について	独裁主義(一族経営) 多人数寄り集まっては意見がまとまらず、成績が上がらない。
道徳経済合一 国全体を富ますこと、富を分散させることが大切。	富・利益について	自己の利益優先 富を独占したい。

決裂

腹を立て栄一はその場を立ち去る。
以後、岩崎は栄一を憎むようになる。

もしこのときに、2人が結託していたら、
日本の資本主義は大きく形を変えたかもしれない。

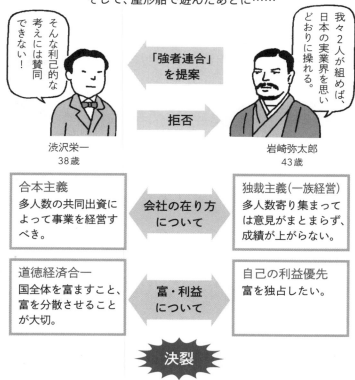

屋形船遊びのあと料亭に戻ると、岩崎は栄一に話をもちかけました。「2人で事業を経営すれば日本の実業界を牛耳《ぎゅうじ》ることができる。2人で手を組まないか?」という誘いでした。

要するに**2人で富を独占しようじゃないかという話**です。これは栄一の考えと正反対の考え方です。栄一がいろいろな会社を興すのは日本の経済界を発展させ、国を富ませ、同時に多くの人に富が行き渡るようにするためでした。岩崎の考え方とはまったく異なります。

2人はお互いに主張を譲らず、激しい言い合いになり、栄一は腹を立ててその場を立ち去ったといいます。栄一の「道徳経済合一論」という信念はまったく揺るぎませんでした。

つねに国益を考える

栄一と岩崎弥太郎はよく比較されました。2人とも経済界の超大物ですが、タイプが異なりました。**富を広く行き渡らせようとする栄一と、富を独占しようとする岩崎。**

実際にはそれほど単純な比較はできないかもしれませんが、岩崎は巨万の富を蓄え、三菱財閥を築き上げ、子孫にも十分なお金を残しました。それに対して、栄一は同じような大実業家であったのに、渋沢家に巨万の富が残るようにはしませんでした。

私は渋沢家の血を引く渋澤健さん(栄一の玄孫)と対談させていただいたことがあります。そのとき健さんは、「栄一の子孫が巨万の富を受け継ぐことはなかった。渋沢財閥のようなものはないので、子々孫々が潤ったわけではない」と言っておられました。

栄一ほどの手腕にしてみれば、財閥を形成するのは容易なことだったでしょう。ところが、渋沢財閥などはつくらない。自分の富を増やすのではなく、つねに国益を考えていました。栄一は、自由な競争があって、誰もが豊かさを手に入れることができる社会を構想したのです。そして、そもそも独占には仁義道徳がないと栄一は主張します。

岩崎VS.栄一の泥沼の戦いと結末

日本の海運業を独占していた岩崎率いる三菱に対抗するため、
1882年、栄一は反三菱勢力を束ねて海運会社を設立。

栄一
共同運輸会社

×

岩崎
郵便汽船三菱会社

↓

2年に及ぶ過酷なダンピング競争に発展。
運賃が競争開始以前の10分の1にまで引き下げられた。
共倒れが危惧されるほどの消耗戦に。

↓

1885年、岩崎弥太郎の死去を契機に
政府が仲介に入り両社を合併、日本郵船が成立。
以来、栄一と岩崎家は親しく交際するようになる。

真の勝者はどちらだったのか？
栄一はのちに次のように語ったという。

私が自分の富だけ築こうとしたら、三井にも岩崎にも負けなかったはず。これは負け惜しみじゃないよ。

関連人物9

佐藤一斎

——情愛の深い師弟関係をもつ

佐藤一斎先生は、人と初めて会った時に得た印象によってその人のいかなるかを判断するのが、最も間違いのない正確な人物観察法なりとせられ、先生の著述になった『言志録』のうちには、「初見の時に相すれば人多く違《たが》わじ」という句さえある。

——『論語と算盤』第1章　処世と信条「人物の観察法」

いかにして人物を見抜くか

佐藤一斎《さとういっさい》は江戸時代後期の儒学者で、『言志四録《げんししろく》』という随想録を残しています。リーダーのための指針の書とされる本です。

『言志四録』に収められた「三学戒」は有名な言葉なので、ご存じの方もいるでしょう。

〈少にして学べば、壮にして為すことあり。壮にして学べば、老いて衰えず。老いて学べば、死して朽ちず〉

若い頃に勉強すれば、大人になってよい仕事ができる。大人になっても学び続ければ、年老いても衰えない。そして、老人になっても学べばその業績が次代に引き継がれる。生涯学び続けることが大切だという意味です。

西郷隆盛も『言志四録』の愛読者の1人でした。岩波文庫の『西郷南洲遺訓』（南洲は西郷隆盛の号）には付録として「南洲手抄言志録」がついています。「手抄言志録」は、西郷が島流

佐藤一斎の人物観察法

しにあったときに、『言志四録』から気に入った言葉を１０１選んで書き写したものです。

栄一は、その『言志四録』の「人物鑑識眼観察法」から〈初見の時に相すれば人多く違《たが》わじ〉という言葉を引用して人物観について語っています。

人物を見るときにどうすれば間違いがないか。それは佐藤一斎先生の言うように、**初めて会ったときの印象は結構、間違いがないものなのだ**と。私たちも、初対面で「あれっ、この人は？」と思ったとき、結局その人は信用できない人だったということがあります。

オレオレ詐欺に引っかかった人によると、半分ぐらいの人は最初に「おかしい」と思ったようです。ところが、話を聞いているうちに騙《だま》されてしまう。第一印象は案外正しいものです。怪しい人物を判断するときには、最初に違和感センサーが働くかどうかがポイントです。

師弟関係が間違っている

栄一は佐藤一斎にからめて、師弟のあり方についても述べています。

〈佐藤一斎という人も、よく弟子を感化せしめた。（中略）師弟という関係が、昔風では一身を抽《ぬき》んでて親しむというのである。しかるに今の師弟の間は、ほとんど寄席を聴きに往った有様をなしているということは、私は満足の風習でないと恐れている〉

佐藤一斎先生はよく弟子を感化したが、今は師弟関係というものがおかしくなっているのではないか、寄席を聞きに行ったようなありさまではないのかと憂いています。

たとえばテレビを見たり、寄席に落語を聞きに行ったりするのは娯楽なので、「ああ、面白かった」「あまり面白くなかった」などと感想をもてば、それで結構です。しかし学問は違います。

「昔は、弟子はその身を師に預けるというものだったが、今は学問をする者が、この先生は面白い、この先生は面白くないなどと言うようになった」と栄一は嘆きます。まるで、消費者が「こっちの商品のほうがいい」「Aの商品よりB、BよりCだな」という具合に、**先生を並べて評価するのはどういうことか**と言いたいわけです。

こうした現状に対して、師匠が悪いと指摘します。もっと徳望、才能、学問、人格を磨かなければ弟子から尊敬されないと。一方で、弟子の心得もよくない。師を敬う気持ちが少ないのはいけないと言い、今は知育を重視しすぎて徳育が足りないのではないかと憂慮しました。

教師、そして弟子に足りないもの

A先生
B先生
C先生
評価
生徒
もっと尊敬されるように自分を磨きなさい！
知育ばかりでなく徳育も意識しなさい！

佐藤一斎は徳育の先生で、どう生きるかを語り続けました。江戸時代の学問は徳育が中心でしたから、佐藤一斎のような人物に対する尊敬の念が、栄一にはあったのです。

じつは私は『言志四録』についての本を書いたことがあります。当時、『言志四録』に関する本を出すのは珍しいことでしたが、私は若いときから非常に気に入っていたので、『最強の人生指南書　佐藤一斎「言志四録」を読む』（祥伝社新書）というタイトルで出させてもらいました。

それが意外にも売れて、現代でも興味をもつ人がこんなにいるのかと驚いた記憶があります。今も『言志四録』に興味をもつ人たちがいて、読み継がれていることをうれしく思いました。これには栄一もいくらか安心するのではないでしょうか。

関連人物10

フランクリン
――みんなが潤う社会をつくるために

思いやりを強く、世の中の得を思うことは宜《よろ》しいが、己《おの》れ自身の利欲《りよく》によって働くは俗である。仁義道徳に欠けると、世の中の仕事というものは、段々衰微してしまうのである。

――『論語と算盤』第4章　仁義と富貴［真正の利殖法］

道徳を重んじた資本主義の父

ベンジャミン・フランクリンは、日本人には、凧《たこ》を上げた実験で雷が電気であることを解明した学者として有名ですが、アメリカ合衆国建国の父の1人であり、アメリカの100ドル紙幣には肖像画が描かれています。

フランクリンと渋沢栄一はどのような関係があるか。私はかつて『渋沢栄一とフランクリン』（致知出版社）という本を書きました。私がこの本で言いたかったのは、資本主義発展の歴史にはこういう大人物がいて、大きな倫理観をもって礎を築いたことでした。

私は、資本主義が行き過ぎて倫理観のない経営者が増えると、みんなが益するようなシステムが独占されてしまい、格差を助長するようになるのではないかという問題意識をもっていました。それは渋沢栄一もフランクリンも危惧していたことでした。

日米でそれぞれ資本主義の父と言われる人が何を考えていたのか、2人の共通点を押さえて

ベンジャミン・フランクリンとは？

1706～1790年
政治家、外交官、著述家、気象学者、科学者、発明家など、多様な顔を持ち、それぞれの分野で顕著な業績を残した。本国ではアメリカ人の生き方のモデルとして人々の尊敬の的で、現在の米100ドル紙幣の肖像となっている。

フランクリンと栄一との主な共通点

◎ともに「資本主義の父」と呼ばれている。
◎国が大きく変化する時代を生きた。
◎経済を国の柱にしようと考えた。
◎お金儲けよりも社会貢献を優先した。
◎書物（『論語』『聖書』）を生きる指針とした。
◎ともに国の最高額紙幣の肖像に選ばれる。

おくことが、今の資本主義の行く末を考えたときに非常に重要だと思います。

フランクリンは、自分の信念を「13の徳目」としてまとめています。「誰のためにもならないことにはお金を使わないこと」「人を騙して害を与えないこと」「清く正しく思考すること」などを掲げ、その実行を自分に課していました。**フランクリンもまた、倫理道徳を重んじた人でした。**

マックス・ヴェーバーは『プロテスタンティズムの倫理と資本主義の精神』で、フランクリンを倫理的経済人の典型的な人物としています。

ビジネスの根幹に倫理観を置く

今、世界を見ると、あらゆる国のなかで貧富の格差が広がっています。

このままでは、世界中で富める者と貧しい者の格差がさらに広がっていくことでしょう。

今世界で広がる格差をフランクリンや栄一が見たら、私たちはこんな未来のために資本主義を進めたのではないと言うでしょう。

2人にはみんなが潤う社会をつくろうという意識がありました。2人の思想を押さえることが、理解につながります。

フランクリンにはプロテスタンティズムの倫理があり、栄一には『論語』にもとづいた倫理観がありました。自らを律するものをもつ人々が資本主義の黎明期《れいめいき》をリードしましたが、果たして今の大企業の経営者たちはどうなのか。

資本主義を経営者の倫理観に任せられないのであれば、独占を許さないルールづくりが必要です。公正な競争が行われるように規制を整備すればよいのですが、そのような動きがありま

フランクリンの13徳

第 1	節制	飽くほどに食うなかれ。酔うまで飲むなかれ。
第 2	沈黙	自他に益なきことを語るなかれ。駄弁を弄すなかれ。
第 3	規律	物はすべて所を定めて置くべし。仕事はすべて時を定めてなすべし。
第 4	決断	なすべきことをなさんと決心すべし。決心したることは必ず実行すべし。
第 5	節約	自他に益なきことに金銭を費やすなかれ。すなわち浪費することなかれ。
第 6	勤勉	時間を空費するなかれ。つねに何か益あることに従うべし。無用の行いはすべて断つべし。
第 7	誠実	詐《いつわ》りを用いて人を害するなかれ。心事は無邪気に公正に保つべし。口に出すこともまた然るべし。
第 8	正義	他人の利益を傷つけ、あるいは与うべきを与えずして人に損害を及ぼすべからず。
第 9	中庸	極端を避くべし。たとえ不法を受け、憤りに値すと思うとも、激怒を慎むべし。
第10	清潔	身体、衣服、住居に不潔を黙認すべからず。
第11	平静	小事、日常茶飯事、または避けがたき出来事に平静を失うなかれ。
第12	純潔	性交はもっぱら健康ないし子孫のためにのみ行い、これに耽りて頭脳を鈍らせ、身体を弱め、または自他の平安ないし信用を傷つけるがごときことあるべからず。
第13	謙譲	イエスおよびソクラテスに見習うべし。

精神的支柱、行動の規範として、
フランクリン自らこの13徳をつくり、実践した。

せん。

　それはどうしてなのか。一人ひとりの人間の倫理観が足りないとき、経済活動は利益中心になります。

「論語で一生を貫いてみせる」と言った栄一の方針の正しさが、今またくっきりしてきています。

　この時代に、渋沢栄一が1万円札の顔になるのは、「実業の根幹には倫理観がなければならない」というメッセージを発することになります。**1万円札の肖像を見るたびに、栄一の考えを思い出したいものです。**

主要参考資料

- 英賀千尋『漫画でざっくりわかる渋沢栄一』ビジネス教育出版社、2019年
- 大隈重信(述)、貴重資料研究会(編)『現代語訳　澁澤榮一について』(Kindle版)、2016年
- 金谷治(訳注)『論語』ワイド版岩波文庫、2001年
- 近藤たかし(漫画・漫画原作)、渋沢栄一(原作)『論語と算盤』(Kindle版)講談社、2019年
- 齋藤孝『声に出して読みたい論語』草思社文庫、2016年
- 齋藤孝『声に出して読む　渋沢栄一「論語と算盤」』悟空出版、2019年
- 齋藤孝『こども論語とそろばん』筑摩書房、2019年
- 齋藤孝『渋沢栄一とフランクリン』致知出版社、2016年
- 齋藤孝(訳・責任編集)『「論語」を生かす私の方法――渋沢栄一『論語講義』』イースト・プレス、2010年
- 佐藤一斎、川上正光(全訳注)『言志四録』1～4、講談社学術文庫、1978年
- 島田昌和『渋沢栄一　社会企業家の先駆者』岩波新書、2011年
- 渋沢栄一『論語と算盤』角川ソフィア文庫、2008年
- 渋沢栄一『論語と算盤』(Kindle版)角川ソフィア文庫、2013年
- 渋沢栄一『論語と算盤』国書刊行会、1985年
- 渋沢栄一『雨夜譚』(Kindle版)土曜文庫、2019年
- 渋沢栄一、長幸男(校注)『雨夜譚　渋沢栄一自伝』岩波文庫、1984年

■渋沢栄一『渋沢栄一――雨夜譚／渋沢栄一自叙伝（抄）』日本図書センター、1997年
■渋沢栄一、渋沢栄一研究会（編）『渋沢栄一、「岩崎弥太郎」を語る付：古河市兵衛、新撰組、浅野総一郎　渋沢栄一、幕末・維新を語る』（Kindle版）、2015年
■渋沢栄一、守屋淳（編訳）『現代語訳　論語と算盤』ちくま新書、2010年
■渋沢栄一、守屋淳（編訳）『現代語訳　論語と算盤』（Kindle版）ちくま新書、2014年
■渋沢栄一、守屋淳（編訳）『現代語訳　渋沢栄一自伝』（平凡社新書）、2012年
■渋沢栄一、守屋淳（編訳）『渋沢栄一の「論語講義」』（Kindle版）平凡社新書、2010年
■渋澤健『渋沢栄一　100の金言』日経ビジネス人文庫、2016年
■渋澤健『渋沢栄一　100の訓言』日経ビジネス人文庫、2010年
■津本陽『小説　渋沢栄一』（上・下）幻冬舎文庫、2007年
■山田済斎（編）『西郷南洲遺訓：付 手抄言志録及遺文』岩波文庫、1939年
■山本七平『渋沢栄一　近代の創造』祥伝社、2009年
■山本七平『渋沢栄一の思想と行動　近代の創造』（Kindle版）PHP研究所、1987年
■山本七平『渋沢栄一　日本の経営哲学を確立した男』さくら舎、2018年
■フランクリン、松本慎一・西川正身（訳）『フランクリン自伝』岩波文庫、1957年
■NHK「英雄たちの選択　渋沢栄一」
■TOKYO MX「中小企業の底ヂカラ　実業界の父　渋沢栄一～特別編～」

- 「公益財団法人渋沢栄一記念財団　渋沢栄一年譜」
〈https://www.shibusawa.or.jp/eiichi/chrono.html〉(参照2020-05-22)
- 「公益財団法人渋沢栄一記念財団　渋沢栄一詳細年譜」
〈https://www.shibusawa.or.jp/eiichi/kobunchrono.html〉(参照2020-05-22)
- 「公益財団法人渋沢栄一記念財団　渋沢栄一関連会社名・団体名変遷図」
〈https://eiichi.shibusawa.or.jp/namechangecharts/〉(参照2020-05-22)
- 「公益財団法人渋沢栄一記念財団　デジタル版『実験論語処世談』」
〈https://eiichi.shibusawa.or.jp/features/jikkenrongo/index.html〉(参照2020-05-22)
- 「國學院大學メディア「良妻賢母」を育て国力を押し上げた渋沢栄一」
〈https://www.kokugakuin.ac.jp/article/55517〉(参照2020-05-22)
- 「渋沢栄一デジタルミュージアム　3.渋沢栄一と福沢諭吉」
〈http://www.city.fukaya.saitama.jp/shibusawa_eiichi/shokai/story/1400202982516.html〉(参照2020-05-22)
- 「渋沢栄一デジタルミュージアム　渋沢栄一の紹介」
〈http://www.city.fukaya.saitama.jp/shibusawa_eiichi/shokai.html〉(参照2020-05-22)
- 「松下政経塾　独立自尊」
〈https://www.mskj.or.jp/report/2686.html〉(参照2020-05-22)
- 「宮沢賢治　詩ノート　青空文庫」
〈https://www.aozora.gr.jp/cards/000081/files/47029_46743.html〉(参照2020-05-22)

齋藤 孝（さいとう たかし）

1960年静岡県生まれ。東京大学法学部卒業。同大学大学院教育学研究科博士課程等を経て、明治大学文学部教授。専門は教育学、身体論、コミュニケーション論。ベストセラー作家、文化人として多くのメディアでも活躍。

これまで『渋沢栄一とフランクリン』（致知出版社）をはじめ、渋沢関連書を精力的に著してきたものの、その偉業と生き方が国民に浸透していない状況を歯がゆく感じていた。また、彼の肖像が紙幣に刷られる日が来ることを密かに夢見ていたという。そしてとうとう、2024年度から福沢諭吉からバトンを受け取る形で渋沢栄一が新1万円札の肖像になることが決定。本書は、そんな英傑の生き方と不朽の名作『論語と算盤』の魅力を、より広く一般に伝えるために図解を多用してまとめた。

著書に『声に出して読みたい日本語』（草思社文庫）、『雑談力が上がる話し方』（ダイヤモンド社）、『話すチカラ』（ダイヤモンド社、安住紳一郎との共著）、『読書する人だけがたどり着ける場所』（SBクリエイティブ）、『頭のよさとは「説明力」だ』（詩想社新書）、『君の10年後を変える言葉』（フォレスト出版）など多数。

図解 渋沢栄一と「論語と算盤」

2020年7月9日　初版発行
2024年8月8日　8刷発行

著　者　齋藤孝
発行者　太田宏
発行所　フォレスト出版株式会社
〒162-0824
東京都新宿区揚場町2-18白宝ビル7F
電　話　03-5229-5750（営業）
03-5229-5757（編集）
URL　http://www.forestpub.co.jp
印刷・製本　萩原印刷株式会社

©Takashi Saito 2020
ISBN978-4-86680-086-8　Printed in Japan
乱丁・落丁本はお取り替えいたします。